T0279276

EL RESPLANDOR DE DIOS

EN NUESTRO TIEMPO

Joseph Ratzinger
Benedicto XVI

EL RESPLANDOR DE DIOS EN NUESTRO TIEMPO

Meditaciones sobre el año litúrgico

Traducción de
Roberto H. Bernet

herder

Título original: Gottes Glanz in unserer Zeit
Traducción: Roberto H. Bernet

© 2005, *Librería Editrice Vaticana, Ciudad del Vaticano*
© 2005, *Verlag Herder, Friburgo de Brisgovia*
© 1986, *S. Fischer Verlag GmbH, Frankfurt del Meno,*
por la reproducción del poema de la p. 114.
© 2008, *Herder Editorial, S. L., Barcelona*

2.ª edición, 2023

ISBN: 978-84-254-5112-6

Imprenta: Liberdúplex
Depósito legal: B-18.336-2023
Printed in Spain – Impreso en España

herder
HERDEREDITORIAL.COM

Índice

Prefacio

El presente volumen reúne dos libros anteriores de Joseph Ratzinger que se complementan apropiadamente: *Suchen, was droben ist* [Buscar lo de arriba] (1985), que contiene meditaciones provenientes sobre todo del tiempo en que el autor era arzobispo de Múnich, y *Bilder der Hoffnung* [Imágenes de la esperanza] (1997), que fue compuesto cuando Joseph Ratzinger era cardenal prefecto de la Congregación para la Doctrina de la Fe en Roma. Los textos fueron redactados para un círculo amplio de oyentes y lectores en forma de sermones, artículos periodísticos o discursos radiofónicos.

Ya desde hace tiempo existía el plan de editar en un solo tomo esos dos libros, muy apreciados pero ya agotados. Las últimas conversaciones con Joseph Ratzinger acerca de este propósito coincidieron con los momentos de su elección como Papa el 19 de abril de 2005. Las meditaciones aquí contenidas muestran a Joseph Ratzinger, ahora Benedicto XVI, más como hombre espiritual, que sabe hablar tanto al pensamiento como al corazón.

Los diferentes capítulos de ambas obras originales han sido colocados en una secuencia tal que cada uno de ellos ocupa aproximadamente el lugar que le corresponde dentro del ciclo anual, complementándoselos además con una homilía alusiva al tema. La relación de fuentes que se encuentra al final de nuestro volumen informa detalladamente al respecto.

Editorial Herder

Prólogo del autor al libro
SUCHEN, WAS DROBEN IST
(BUSCAR LO DE ARRIBA)

En respuesta a una amable invitación de la Editorial Herder de Friburgo de Brisgovia presento nuevamente en este opúsculo algunos fragmentos de la actividad de predicación y anuncio que desarrollé durante mis años en Múnich. El tronco principal está constituido por los sermones y meditaciones acerca de la fiesta de Pascua. En torno a ellas se agrupan breves discursos radiofónicos emitidos en diferentes ocasiones del año eclesiástico o civil. El carácter casual de su surgimiento trae consigo algunas reiteraciones y coincidencias, que, sin embargo, pueden también ayudar a captar más profundamente un mismo pensamiento desde diferentes ángulos y contextos. No obstante, todo este material sigue siendo un fragmento de los grandes temas sobre los que versa. Tengo la esperanza de que justamente el carácter inacabado y fragmentario de estos breves textos pueda propiciar la reflexión y acción propias de los lectores.

Prólogo del autor al libro
BILDER DER HOFFNUNG
(Imágenes de la esperanza)

En el curso de mis años en Roma fui reiterada-
mente invitado por la Radio y Televisión de
Baviera (Bayerischer Rundfunk) a pronunciar meditaciones con ocasión de las fiestas más importantes
del año litúrgico. En la mayoría de los casos se me
propuso interpretar alguna de las grandes imágenes
que tanto abundan en las iglesias romanas. Al acercarse mi septuagésimo cumpleaños, mi hermano me
propuso reunir esos textos y ver si con ellos se pudiese compilar un pequeño volumen que retuviese
esas imágenes y reflexiones más allá del encuentro
momentáneo a través de la radio o la televisión, y
pudiese ofrecer así una ayuda para la comprensión
de las fiestas cristianas. El proyecto se estudió con el
encargado eclesiástico de la Radio y Televisión de Baviera, monseñor Willibald Leierseder, que había tomado la iniciativa de la mayoría de las meditaciones
y había seleccionado las imágenes, así como con la
Editorial Herder de Friburgo de Brisgovia. Así surgió
por fin este opúsculo, por cierto no exento de con-

tenidos casuales, pero que aun a pesar de ello puede tal vez ayudar a captar con más nitidez el mensaje de esperanza y a aprender de nuevo aquella forma interior de mirar cuya presencia extrañamos a menudo tan dolorosamente entre la avalancha de imágenes y de ofrecimientos que se abate sobre nosotros.

Quisiera agradecer sobre todo a mi hermano Georg Ratzinger, ex maestro de capilla de la catedral de Ratisbona, sin cuya iniciativa yo no hubiese acometido la compilación de estos textos. Mi gratitud se dirige asimismo a monseñor Leierseder y a las autoridades de la Radio y Televisión de Baviera, que señalaron los temas y las imágenes para las meditaciones. Agradezco también a la Editorial Herder de Friburgo de Brisgovia, que, como ocurrió también con el emparentado opúsculo titulado *Suchen, was droben ist*, ha puesto todo su empeño y cuidado para que los lectores pudiesen tomar con alegría entre sus manos este opúsculo.

ADVIENTO

Una memoria que suscita esperanza

En una de sus historias de Navidad, el escritor inglés Charles Dickens narra la historia de un hombre que perdió la memoria del corazón. Es decir, el hombre había perdido toda la cadena de sentimientos y pensamientos que había atesorado en el encuentro con el dolor humano. Tal desaparición de la memoria del amor le había sido ofrecida como una liberación de la carga del pasado. Pero pronto se hizo patente que, con ello, el hombre había cambiado: el encuentro con el dolor ya no despertaba en él más recuerdos de bondad. Con la pérdida de la memoria había desaparecido también la fuente de la bondad en su interior. Se había vuelto frío y emanaba frialdad a su alrededor.

El mismo pensamiento que persigue Dickens en esta historia aborda también Goethe en su relato de la primera celebración de la fiesta de San Roque en Bingen junto al Rin, fiesta que podía realizarse nuevamente después de la larga interrupción provocada por las guerras napoleónicas. Goethe observa cómo los hombres que han acudido a participar de la fiesta se dejan arrastrar en medio de la apretada aglomeración para pasar frente a la imagen del santo y observa sus rostros: los de los niños y de los adultos están iluminados; reflejan la alegría del día festivo. Solo los rostros de los jóvenes son diferentes, comenta Goethe. Estos pasan por el lugar sin emoción, indiferentes, aburridos. Su explicación del hecho resulta iluminadora: nacidos en tiempos difíciles, esos jóvenes no tenían nada bueno que recordar y, por eso, tampoco nada que esperar. Es decir, solo quien puede recordar puede también esperar: quien nunca ha experimentado el bien y la bondad, los desconoce.

Un sacerdote cuyo servicio pastoral consiste en mantener numerosas conversaciones con personas que se encuentran al borde de la desesperación relató en una ocasión lo mismo acerca de su propia actividad: cuando logra despertar en la persona desesperada el recuerdo de una experiencia del bien, esa persona se ve nuevamente en condiciones de creer en el bien, aprende a esperar de nuevo, se le abre un camino de salida de la desesperación. Memoria y esperanza forman una unidad indisoluble. Quien ha envenenado el pasado, no da esperanza, sino que destruye las bases anímicas de la esperanza.

A veces la historia de Charles Dickens se me antoja como una visión de las experiencias del presente. En efecto: a ese hombre a quien se le ha borrado la memoria del corazón a través de un engañoso espíritu de falsa liberación, ¿no lo reencontramos acaso en una generación a la que una determinada pedagogía de la liberación le ha envenenado el pasado y, con ello, convencido de que no hay esperanza? Cuando leemos con cuánto pesimismo mira una parte de nuestra juventud hacia el futuro, nos preguntamos de qué dependerá. ¿Le faltará, en medio de la superabundancia material, el recuerdo de lo humanamente bueno que podría esperarse? Con el desprecio de los sentimientos, con la parodia de la alegría, ¿no habremos pisoteado al mismo tiempo la raíz de la esperanza?

Con estas reflexiones entramos directamente en el significado del tiempo del Adviento cristiano. En efecto: Adviento designa justamente la conexión entre memoria y esperanza que el hombre necesita. El Adviento quiere despertar en nosotros el recuerdo propio y el más hondo del corazón: el recuerdo del Dios que se hizo niño. Ese recuerdo sana, ese recuerdo es esperanza. En el año litúrgico se trata de recorrer una y otra vez la gran historia de los recuerdos, de despertar la memoria del corazón y, de ese modo, aprender a ver la estrella de la esperanza. Todas las fiestas del año litúrgico son acontecimientos de la memoria y, por eso, acontecimientos de esperanza. En la plasmación de los tiempos sagrados a través de la liturgia y de los usos y costumbres, los grandes recuerdos de la humanidad que el año de la fe guarda en su interior y nos hace accesibles deben tornarse en recuerdos personales de la propia historia de vida. Los recuerdos personales se alimentan así de los grandes recuerdos de la humanidad; y esos grandes recuerdos solo se preservan a su vez mediante su traducción a la esfera personal. El que los hombres puedan creer depende también de que, a lo largo de su camino vital, hayan ganado apego a la fe en que la humanidad de Dios se les ha manifestado a través de la humanidad de las personas. Seguramente, cada uno de nosotros puede contar en ese sentido su propia historia de lo que significan para su vida los recuerdos festivos de Navidad, de Pascua o de otras celebraciones.

La hermosa tarea del Adviento es regalarse mutuamente recuerdos del bien y abrir así las puertas de la esperanza.

La audacia de ir al encuentro de la presencia misteriosa de Dios

Desde tiempos remotos la liturgia de la Iglesia ha encabezado el Adviento con un salmo en que el Adviento de Israel, la inconmensurable espera de ese pueblo, halla una expresión condensada: «Hacia ti, Señor, elevo el alma mía, en ti, mi Dios, confío» (Sal 25 [24],1). Tal vez esta frase nos resulte trillada y gastada, puesto que ya estamos desacostumbrados a las aventuras que llevan a los hombres hacia su propia interioridad. Mientras que nuestros mapas se han hecho cada vez más completos, el interior del hombre se ha convertido cada vez más en *terra incognita*, a pesar de que en él habría que hacer descubrimientos aún mayores que en el universo visible.

«Hacia ti, Señor, elevo el alma mía»: el sentido dramático que subyace en este versículo se me ha hecho consciente de manera renovada en estos días al leer el relato que publicara el escritor francés Julien Green sobre el camino de su conversión a la Iglesia católica. Green narra que en su juventud se hallaba atrapado por los «placeres de la carne». No tenía convicción religiosa alguna que pudiese haberle servido de contención. Y sin embargo, hay en su experiencia algo notable: de cuando en cuando entraba en una iglesia, impulsado por el anhelo –que él no se admitía a sí mismo– de verse súbitamente liberado. «No hubo milagro alguno», continúa Green, «pero sí, desde la lejanía, el sentimiento de una presencia». Esa presencia tenía algo cálido y prometedor para él, pero todavía le molestaba la idea de que para su salvación tuviese que pertenecer, por ejemplo, a la Iglesia.

Quería la presencia de lo nuevo, pero la quería sin renuncias, casi como por autodeterminación y sin ninguna imposición. Es así como se encontró con la religiosidad india y esperó encontrar a través de ella un camino mejor. No obstante, no faltó la decepción, e inició su búsqueda en la Biblia. Y con tanta intensidad la llevó a cabo que comenzó a aprender hebreo tutelado por un rabino. Un día le dijo el rabino: «El próximo jueves no vendré, pues es feriado». «¿Feriado?», preguntó Green sorprendido. «Es la fiesta de la Ascensión –¿tendré que decírselo yo a usted?–», fue la respuesta del *rabbi*. En ese momento, el joven buscador se sintió alcanzado como por un rayo: era como si sobre él llovieran fragorosas las palabras del profeta. «Yo era Israel», dice Green, «a quien Dios clamaba, suplicante, que regresara a Él. Sentía que para mí regía la frase: "Conoce el buey a su dueño y el asno el pesebre de su amo; Israel no conoce, mi pueblo no entiende"» (Is 1,3).[1]

Una experiencia tal de la verdad de la Escritura en nosotros mismos sería el Adviento. Esto es lo que quiere significar el versículo del salmo que nos habla de elevar el corazón, un versículo que puede pasar de moneda desgastada a algo novedoso y grande, en una aventura, si uno comienza a adentrarse en su verdad.

Lo que Julien Green cuenta de su agitada juventud reproduce de una forma asombrosamente precisa la lucha a la que también se ve expuesto nuestro tiempo. Es la obviedad del tráfago de la vida moderna, que por un lado nos parece la forma imprescindible de nuestra libertad, pero que al mismo tiempo sentimos como una esclavitud de la que lo mejor sería que nos librara un milagro –pero ciertamente no el camino de la Iglesia, que ha pasado de moda y no nos parece digno de consideración alguna como alternativa: antes que él cuenta en todo caso el extraño atractivo de religiones exóticas–. Y sin embargo, algo decisivo acontece ya en el hecho de no pisotear el anhelo de liberación y que, de cuando en cuando, ese anhelo pueda ejercer su acción en momentos de silencio vividos en la iglesia. Tal disposición a exponerse a una presencia misteriosa, a aceptar lentamente esa presencia, a dejarla entrar en uno mismo, es lo que hace que se dé el Adviento: una primera luz en medio de la noche, por oscura que sea.

En algún momento se hará pasmosamente claro: sí, *yo* soy Israel. Yo soy el buey que no conoce a su dueño. Y cuando entonces descendemos, estremecidos, del pedestal de nuestra soberbia, sucede lo que dice el salmista: el corazón se eleva, gana altura, y la presencia oculta de Dios penetra más hondamente en nuestra enmarañada vida. Adviento no es ningún milagro súbito, como prometen los predicadores de la revolución y los mensajeros de nuevos caminos de salvación. Dios actúa para con nosotros de forma muy humana, nos conduce paso a paso y nos espera. Los días del Adviento son como una llamada silenciosa a la puerta de nuestra sepultada alma para que tengamos la audacia de ir al encuentro de la presencia misteriosa de Dios, lo único capaz de liberarnos.

¿Qué es propiamente el Adviento? Muchas son las respuestas que pueden darse a esa pregunta. Con ánimo malévolo podrá decirse que en realidad el Adviento no es más que una excusa para el ajetreo y los negocios adornada con rutinas sentimentales en las que hace mucho tiempo se ha dejado de creer. Podría ser que tal juicio fuera acertado en muchos casos, pero no todo se reduce a eso.

También puede decirse, a la inversa, que el Adviento es un tiempo en que, en medio de un mundo incrédulo, pervive y se hace aún visible algo del brillo de la fe perdida. Del mismo modo como las estrellas pueden verse mucho tiempo después de su desaparición porque su luz de entonces sigue estando todavía en camino hacia nosotros, así también el misterio guarda a menudo todavía algo de su calidez y esperanza para aquellos que ya no pueden creer más en él.

Por eso puede decirse también que el Adviento es un tiempo en que se moviliza una bondad que, en general, ha caído en el olvido: la disposición a pensar en los demás y a darles una señal de bondad. Y por último puede decirse que el Adviento es un tiempo en que cobran vida antiguos usos y costumbres, como el canto de villancicos de Adviento, que se realiza de forma itinerante recorriendo las comarcas en todas las direcciones. En las melodías y los textos que escuchamos, algo de la sencillez, de la imaginación y de la alegre fortaleza de fe de nuestros ancestros llega hasta nuestro tiempo, nos consuela y nos alienta a tener tal vez también nosotros de nuevo la audacia de esa fe que podía hacer tan alegres a los hombres en épocas muy difíciles.

Con este tipo de experiencia del Adviento nos encontramos en la inmediata cercanía de lo que la tradición cristiana pensaba y deseaba en relación con ese tiempo litúrgico. Ella expresaba su concepción del Adviento mediante frases bíblicas en que veía las señales del camino para estos días. Solo quiero hacer referencia a una de ellas: a algunos versículos del capítulo 13 de la Carta de Pablo a los romanos. Dice Pablo: «Ya es hora de que os despertéis del sueño [...] La noche está muy avanzada, el día se acerca. Despojémonos, pues, de las obras de las tinieblas y revistámonos de las armas de la luz. Como en pleno día, caminemos con decencia: no en orgías ni en borracheras; no en fornicaciones ni lujurias; no en discordias ni envidias. Al contrario, revestíos del Señor Jesucristo y no pongáis vuestro afán en la satisfacción de los deseos de la carne» (Rom 13,11-14). Según estos versículos,

Adviento significa levantarse, despertar del sueño y dejar atrás la noche.

Ahora bien, muchos son quienes nos invitan a levantarnos y a despertar: «Que despierte Alemania», nos dijeron en otro tiempo quienes querían enceguecer el país, y todavía hoy hay sublevaciones y levantamientos que conducen hacia la noche, que no llevan a dejarla atrás. ¿Qué piensa Pablo? Él expresó con toda claridad su comprensión de la «noche» con las palabras «orgías», «borracheras», «fornicaciones», «lujurias», «discordias», «envidias». La orgía nocturna con todas sus manifestaciones es para él la expresión de lo que significa la noche del ser humano, el sueño del hombre. La orgía se convierte para Pablo en imagen del mundo pagano en general, que se hunde en lo material, que permanece en la tiniebla de la ausencia de verdad y, aun en medio del bullicio y la agitación, duerme, porque permanece ajeno a lo auténtico de la realidad, a lo auténtico de la vocación humana.

La orgía nocturna como imagen de un mundo equivocado: ¿no hemos de reconocer con espanto cuánto se acerca la descripción de Pablo a nuestra actualidad, en su deriva hacia un nuevo paganismo? Levantarse del sueño significa levantarse del conformismo con el mundo, con esta época, y, con el coraje de la virtud, con el coraje de la fe, sacudirse el sueño que nos hace perder de vista nuestra verdadera vocación y nuestras mejores posibilidades. Tal vez los cánticos de Adviento que escuchamos una y otra vez

todos los años podrían tornarse para nosotros en señales de luz que nos muestren el camino, que nos
hagan alzar la mirada y reconocer que hay promesas
más grandes que las del dinero, el poder y la diver-
sión. Despertar para Dios y para los demás hombres:
ese es el tipo de vigilia al que se refiere el Adviento;
la vigilia que encuentra la luz y hace que el mundo se
vuelva más luminoso.

Nicolás de Mira

(6 de diciembre)

La luz de una nueva humanidad

Quien camina por nuestras calles en los primeros días del mes de diciembre es probable que se encuentre con san Nicolás vestido con un atuendo más o menos correcto de obispo,[2] y nunca sin una larga barba, con la que, por lo demás, viene representándosele ya desde el siglo VIII. Más o menos episcopal es también lo que estas figuras de san Nicolás dicen y hacen: a menudo se dedican más a jugar al coco que a hacer presente el amor del santo que la leyenda nos narra en numerosas variaciones. Apenas sabemos aún con exactitud histórica quién fue este hombre. Con todo, si prestamos atención a las fuentes más antiguas podemos reconocer todavía, a través de la niebla del pasado, el brillo de una figura que abre una puerta hacia el Adviento, es decir, que puede servir de intermediario para un encuentro con la realidad de Jesucristo.

El biógrafo más antiguo de san Nicolás, un tal archimandrita Miguel, cuenta en su biografía que Nicolás recibió su dignidad de la majestad de Dios como el lucero del alba recibe su fulgor del sol naciente. Según Miguel, Nicolás fue un trasunto vivo de Cristo: «En el brillo de sus virtudes», escribe el biógrafo, «resplandece la justicia del sol».[3] La tradición ha identificado siempre a san Nicolás con aquel obispo llamado Nicolás que participó en el Concilio de Nicea y que, junto con aquella primera gran asamblea de obispos, formuló la profesión de fe en la verdadera divinidad de Jesucristo. En ese concilio se trataba acerca del núcleo del cristianismo, o sea, de decidir si el cristianismo habría de convertirse en una secta cualquiera o en lo verdaderamente nuevo, en la fe en la encarnación de Dios. Se trataba de la pregunta acerca de si Jesús de Nazaret era solo un gran hombre religioso o si, en él, Dios mismo se había hecho uno de nosotros. De ese modo, lo que estaba en juego en última instancia era la pregunta de si Dios es tan poderoso como para hacerse pequeño, de si es tan poderoso como para poder amarnos y entrar realmente en nuestra vida. Porque si Dios está demasiado lejos como para poder amarnos eficazmente, también el amor humano es solo una promesa vacía. Si Dios no puede amar, ¿cómo habría de poder hacerlo el hombre? Así pues, en la profesión de fe en la encarnación de Dios estaba también en juego en última instancia la posibilidad del hombre de vivir y de morir humanamente. Este contexto pone de relieve de forma original la figura de san Nicolás.

Theodor Schnitzler lo ha formulado con gran belleza cuando escribe: «Quien coloca su firma creyente bajo el misterio del Hijo de Dios hecho hombre puede llegar a ser alguien que ayude a los hombres y que traiga alegría a los niños, a las familias, a los oprimidos. La fe en la encarnación contribuye a la salvación de los hombres y a la realización de los derechos humanos».[4]

Pero hay otra perspectiva desde la cual las fuentes más antiguas sobre Nicolás nos conducen en la misma dirección. Nicolás es uno de los primeros santos venerados como tales sin que fuera mártir. En la época de las persecuciones de los cristianos, quienes se habían convertido naturalmente en los grandes indicadores del camino de la fe eran aquellos que se habían opuesto al poder estatal pagano y que habían respondido de su fe con su propia vida. En el tiempo de paz entre la Iglesia y el Estado, los hombres necesitaban nuevos modelos. Nicolás se les quedó grabado en tal sentido como el hombre que ayudaba. Su milagro no era el del gran héroe que se deja torturar, encarcelar y matar. Su milagro era la constante bondad cotidiana.

Otra leyenda del santo dice al respecto que también los magos y los demonios pueden imitar todo tipo de milagros, de modo que los milagros no dejan de ser ambiguos. Solo una cosa es inequívoca y acaba con todo engaño: ser bueno toda una vida; toda una vida vivir cotidianamente la fe y probar el amor. Este es el milagro que los hombres del siglo IV conocieron en Nicolás, y todas las historias de milagros que la leyenda inventó después no hacen más que introducir variaciones sobre este milagro fundamental que los hombres sentían con asombro y gratitud como el lucero del alba en el que resplandece la luz de Cristo. En la figura de este hombre comprendían qué significa la fe en la encarnación de Dios; en él, el dogma de Nicea se traducía para ellos en algo tangible.

Lucero del alba que recibe la luz del Sol naciente: esta antigua descripción de san Nicolás es al mismo tiempo una de las imágenes más antiguas del significado del Adviento. Solo de la luz del Dios hecho hombre podemos encender una y otra vez las candelas de la humanidad, que traen esperanza y alegría a un mundo oscuro. Este debería ser el mensaje más profundo de todas las imágenes de san Nicolás: encender en la luz de Cristo la luz de una nueva actitud de humanidad, la luz del amor y la cercanía a los perseguidos, a los pobres, a los pequeños, todo lo cual pertenece al núcleo de la leyenda de san Nicolás.

NAVIDAD

El mensaje de la basílica de Santa Maria Maggiore en roma

Cada vez que, procedente de las ruidosas calles de Roma, entro en la basílica de Santa Maria Maggiore, me viene a la memoria la invitación del salmista: «Deteneos y mirad» (Sal 46 [45],11). En los momentos en que no precisamente legiones de turistas presurosos recorren en verano la iglesia convirtiéndola también en una suerte de calle, la misteriosa atmósfera crepuscular de ese ambiente transmite una invitación a detenerse, a recogerse y a contemplar, a una experiencia por la cual los ruidos de la cotidianidad pierden peso por sí solos. Es como si la oración de los siglos hubiese permanecido en el lugar para incorporarnos también en su camino. Los ámbitos más silenciosos del alma, que en otras circunstancias se ven marginados por la fuerza absorbente de las preocupaciones y los quehaceres cotidianos, quedan liberados cuando nos abandonamos al ritmo de esta casa de Dios y a su mensaje.

Pero ¿cuál es ese mensaje? Quien así pregunta se encuentra ya en peligro de sustraerse al llamamiento especial que quisiera llegarle en el ambiente de esa iglesia. Su contenido no puede trasponerse a una respuesta de diccionario que se encuentra rápidamente. Implica la exigencia de retirarse del fuego cruzado de los interrogatorios y el llamamiento a un detenerse y aquietarse en que se despiertan la escucha y la visión del corazón, a un detenimiento que trasciende lo que se capta rápidamente y después se descarta. Por eso, en lugar de ofrecer una respuesta acuñada en fórmulas y conceptos, quisiera invitar a contemplar conmigo dos imágenes de esa iglesia, y, deteniéndose frente a estas, escuchar de ellas lo que yo solo puedo traducir insuficientemente en palabras.

Ante todo hay algo digno de atención: Santa Maria Maggiore es una iglesia de Navidad. Quiere transmitirnos como obra arquitectónica la invitación que el ángel dirigió primeramente a los pastores: «Mirad: os traigo una buena noticia que será de gran alegría para todo el pueblo. Hoy, en la ciudad de David, os ha nacido un Salvador, que es Cristo Señor» (Lc 2,10s). Pero, al mismo tiempo, este templo quisiera incorporarnos a nosotros en la respuesta de los pastores: «Pasemos a Belén, a ver eso que ha sucedido, lo que el Señor nos ha dado a conocer» (Lc 2,15). Esperaríamos, por tanto, que la imagen de la Nochebuena fuese el centro de este ámbito y de sus caminos internos. Y así es realmente, aunque, por otra parte, no es del todo así.

Los mosaicos de ambos lados de las naves laterales interpretan, por decirlo así, la historia entera como una procesión de la humanidad hacia el Redentor. En el centro, por encima del arco triunfal, en la meta del recorrido, en la que debería estar representado el nacimiento de Cristo, encontramos en cambio solo un trono vacío y, sobre él, una corona, un manto real y la cruz; en el escabel se halla a modo de almohadón el conjunto de la historia ligada por siete hilos rojos. El trono vacío, la cruz y, a sus pies, la historia: he ahí la imagen de Navidad de esta iglesia, que ha querido y quiere ser el Belén de Roma. ¿Por qué será así? Si queremos entender la afirmación de la imagen tenemos que recordar ante todo que el arco triunfal se encuentra sobre la cripta, que fue construida originalmente como una reproducción de la cueva de Belén en la que Cristo vino al mundo. En ese lugar se venera hasta el día de hoy la reliquia que la tradición considera como el pesebre de Belén. De este modo, la procesión de la historia, toda la suntuosidad de los mosaicos, se ve arrastrada hacia abajo, a la cueva, al establo: las imágenes caen a la realidad. El trono se halla vacío, pues el Señor ha descendido al establo. El mosaico central hacia el cual todo se orienta equivale de alguna manera solo a una mano que se nos tiende para invitarnos al salto de las imágenes a la realidad. El ritmo del espacio de la iglesia nos arrebata a un cambio repentino cuando, del brillante mundo de las máximas alturas del arte de la Antigüedad en los mosaicos, nos empuja de forma inmediata a lo hondo de la cueva, del establo. Es el paso de la estética religiosa al acto de fe, en el que nos quiere introducir.

Detenerse y aquietarse en este edificio multisecular; sentirse cautivado por la belleza y grandeza de
sus visiones; tocar, invadido de presentimientos, al
Magno, al Totalmente Otro, al Eterno: eso es lo primero que nos regala el contacto con esta iglesia, y se
trata de algo egregio y noble, algo que necesitamos
precisamente en la actualidad. Pero eso no es todo.
Esta experiencia quedaría en un bello sueño, en un
sentimiento transitorio sin compromiso alguno y,
por tanto, sin fuerza, si no nos dejáramos conducir
al paso siguiente, al sí de la fe. En efecto, solo entonces se nos presenta con claridad algo más: la cueva no
está vacía. Su verdadero contenido no es la reliquia
que allí se conserva como el pesebre de Belén. Su
verdadero contenido es la misa de Nochebuena para
la Natividad de Cristo. Solo entonces acontece definitivamente el paso hacia la realidad. Solo entonces
hemos llegado a aquella imagen de la Navidad que ya
no es una imagen. Solo cuando dejamos que el mensaje contenido en el ámbito de esta iglesia nos conduzca hasta allí cobra nueva vigencia la palabra que
dice: *Hoy* os ha nacido el Salvador. Sí, realmente hoy.

Con estos pensamientos podemos volvernos
ahora hacia la otra imagen de Santa Maria Maggiore que quisiera presentarles brevemente: el antiquísimo icono que se conserva en la Cappella
Borghese de la iglesia titulado *Salus Populi Romani*.
Para entender la interpelación que la imagen dirige
a los visitantes, que nos dirige a nosotros, tenemos
que recordar una vez más la afirmación fundamen-

tal contenida en esta iglesia. Habíamos dicho que se trata de una iglesia de Navidad, construida de alguna manera como una envoltura en torno al establo de Belén, que aquí se entiende a su vez como imagen del mundo y de la Iglesia de Dios, pero que exige al mismo tiempo trascender todas las imágenes y todo lo meramente estético.

Alguien podría objetar que esto no es una iglesia de Navidad, o sea, una iglesia de Cristo, sino una iglesia de María, la primera iglesia mariana de Roma y de Occidente. Sin embargo, una objeción tal indicaría que el objetor no ha entendido justamente lo esencial tanto de la piedad mariana de la Iglesia como del misterio de la Navidad. La Navidad tiene en la estructura interna de la fe cristiana un significado de cuño muy propio. No la celebramos como se celebran los cumpleaños de grandes hombres, porque nuestra relación con Cristo es muy diferente de la veneración que tributamos a los grandes hombres. Lo que nos interesa en ellos es su obra: las ideas que pensaron y escribieron, las obras de arte que crearon y las instituciones que dejaron. Tales obras les pertenecen y no son la obra de sus respectivas madres, que solo nos interesan en la medida en que pueden aportar un elemento que contribuya a explicar su acción.

En cambio, Cristo cuenta para nosotros no solo por su obra, por lo que hizo, sino sobre todo por lo que era y lo que es: en la totalidad de su persona, Él cuenta para nosotros de un modo diferente que todo otro ser humano, porque no es solo un ser humano. Cuenta porque en Él se tocan el cielo y la tierra y, así, en Él Dios se nos hace tangible como hombre. Los Padres de la Iglesia llamaron a María la santa tierra a partir de la cual fue formado Él como hombre, y lo maravilloso de todo esto es que, en Cristo, Dios permanece para siempre vinculado con la tierra. San Agustín expresó en una ocasión esto mismo de la siguiente manera: Cristo no quiso tener un padre humano a fin de mantener a la vista su filiación respecto de Dios, pero quiso tener una madre humana:

«Quiso recibir en sí el sexo masculino y se dignó honrar el sexo femenino en su madre [...]. Si Cristo varón hubiese venido sin la recomendación del sexo femenino, las mujeres desesperarían de sí mismas [...]. Pero él honró a los dos, recomendó a los dos, recibió a los dos. Nació de una mujer. No desesperéis, varones: Cristo se dignó ser varón. No desesperéis, mujeres: Cristo se dignó nacer de una mujer. Ambos sexos concurren a la salvación de Cristo: que venga, pues, el varón, que venga la mujer, que en la fe no hay varón ni mujer».

Digámoslo de otra manera: en el drama de la salvación no es como si María tuviese que desarrollar un papel para después desaparecer, como alguien cuyo pasaje en el texto de la obra ya pasó. La encarnación a partir de la mujer no es un papel que se cumple en poco tiempo sino que supone la permanencia de Dios con la tierra, con el hombre, con nosotros, que somos tierra. Por eso, la fiesta de Navidad es al mismo tiempo una fiesta de María y una fiesta de Cristo, y por eso, una iglesia de Navidad que se precie tiene que ser una iglesia de María. Con esos pensamientos deberíamos contemplar el antiquísimo y misterioso cuadro que Gregorio Magno llevó en el año 590 en una procesión por las calles de Roma, cuando la peste asolaba la ciudad. Al terminar la procesión, la epidemia remitió, Roma se había curado. El nombre de la imagen quiere decirnos: junto a este cuadro puede recuperar la salud Roma, pueden sanar una y otra vez los hombres. Desde esta figura a la vez juvenil y venerable, desde estos ojos sabios y bondadosos nos mira la bondad maternal de Dios. «Como a uno a quien su madre consuela, así os consolaré yo», nos dice Dios a través del profeta Isaías (66,13). Al parecer, Dios prefiere dar sus consuelos maternales a través de la madre, de su madre, y ¿quién se sorprendería de ello? Frente a esta imagen cae nuestra infatuación, se resuelven los espasmos de nuestra soberbia, el miedo ante el sentimiento y cuanto nos enferma por dentro. La depresión y la desesperación se basan en que la economía de los sentimientos se desordena o se interrumpe por completo. Ya no vemos más lo cálido, consolador, bondadosa y salvador en el mundo –todas cosas que solo podemos captar con el corazón–. En la frialdad de un conocimiento al que se le ha arrebatado su raíz, el mundo se torna en desesperación. Por eso, la aceptación de esta imagen resulta sanadora. Nos devuelve la tierra de la fe y de la condición humana si aceptamos desde dentro su lenguaje, si no nos cerramos a él.

Habíamos dicho que la conjunción de arco triunfal y cueva nos señala la trascendencia de la estética a la fe. Proceder a la consideración de este icono puede llevarnos todavía un paso más allá: nos ayuda a desprender la fe del esfuerzo de la voluntad y la razón, para devolverla nuevamente a la totalidad de nuestro ser. Nos regala de nuevo la estética, y nos la regala más grande que antes: si hemos seguido la llamada del Redentor, podemos recibir también nuevamente el lenguaje de la tierra que él mismo ha asumido. Podemos abrirnos a la cercanía de la madre sin temor de un falso sentimentalismo ni de caer en lo mítico. Todo ello solo se tornará mítico y enfermo si lo arrancamos del gran contexto del misterio de Cristo. Entonces, lo reprimido regresa como esoterismo en figuras confusas cuya promesa es vacua y engañosa. En la imagen de la madre del Redentor aparece el verdadero consuelo: Dios está tangiblemente cerca de nosotros, también hoy. Si al detenernos a contemplar dentro de esta iglesia tomamos conciencia de este consuelo, su mensaje habrá alcanzado nuestro interior con su acción sanadora y transformadora.

La conversión del apóstol san Pablo
(25 de enero)

EL LUCHADOR Y EL SUFRIENTE

En el siglo XIX, el papa Pío IX hizo colocar delante de la escalinata por la que se asciende a la entrada de la basílica de San Pedro dos grandes figuras de los apóstoles Pedro y Pablo, ambas fácilmente reconocibles por sus atributos: las llaves en manos de Pedro, la espada en manos de Pablo. Quien contemple la vigorosa figura del Apóstol de los gentiles sin un conocimiento previo de la historia del cristianismo podría llegar a pensar que se trata de un gran estratega, de un guerrero que hizo historia con su espada y sometió pueblos a su dominio. Así, Pablo sería uno de los muchos que se procuraron gloria y riqueza a precio de sangre. El cristiano sabe que la espada en manos de ese hombre tiene un significada opuesto: es el instrumento de su ejecución. Como ciudadano romano, Pablo no podía ser crucificado, como Pedro, sino que murió por la espada. Pero aun cuando esta ejecución se consideraba como algo noble, Pablo no deja por ello de pertenecer, en la historia universal, a las víctimas de la violencia, y no a quienes la han ejercido.

Quien ahonde en las cartas de Pablo para encontrar en ellas algo así como una oculta autobiografía del Apóstol reconocerá pronto que, con el atributo de la espada, el instrumento de su pasión, no se está diciendo solamente algo sobre los últimos momentos de su vida: la espada puede considerarse con razón como el atributo de su vida: «He combatido el buen combate», dice a su discípulo predilecto Timoteo (2 Tim 4,7) al afrontar la muerte, mientras arroja una mirada retrospectiva al itinerario de su vida. Palabras como estas han inducido a menudo a describir a Pablo como un luchador, como un hombre de acción, más aún, como un hombre de naturaleza violenta. Una mirada superficial a su vida tal vez parecería dar la razón a tal descripción: en cuatro grandes viajes recorrió una parte significativa del mundo conocido en aquel entonces y se convirtió así realmente en maestro de pueblos que llevó el Evangelio de Jesucristo «hasta los confines de la tierra». Con sus cartas mantuvo unidas las comunidades que había fundado, impulsó su construcción y consolidó su existencia. Se opuso de forma temperamental a sus adversarios, que no le faltaron. Aplicó todos los medios a su disposición para cumplir de la manera más eficiente posible el «deber» de anunciar el Evangelio que pesaba sobre sus espaldas (1 Cor 9,16). Así, una y otra vez se lo ha representado como el gran activista, como el patrón de los inventores de nuevas estrategias de pastoral y de misión.

Todo eso no es erróneo, pero no representa a Pablo en su integridad: más aún, si alguien lo viese solo así, dejaría sin considerar lo más propio de su figura. Ante todo hemos de sostener que la lucha de san Pablo no es la lucha de alguien que quiere hacer carrera, de un hombre en busca de poder, y menos aún de un dominador y conquistador. Era una lucha en el sentido en que la describe Teresa de Ávila. Dice la santa: «Quiere Su Majestad y es amigo de ánimas animosas», y explica su afirmación aproximadamente con las siguientes palabras: «Lo primero que obra el Señor en sus amigos cuando se vuelven débiles es darles ánimos y quitarles el miedo a sufrir». En este contexto me viene a la memoria un comentario seguramente unilateral y probablemente también un tanto injusto consignado por Theodor Haecker durante la guerra en sus *Tag- und Nachtbücher [Diario del día y de la noche]*. No obstante, el comentario puede ayudarnos a entender de qué se trata en este contexto. La frase a la que me refiero reza: «A veces me parece como si en el Vaticano se hubiese olvidado por completo que Pedro no fue solo obispo de Roma [...] sino también mártir». La lucha de san Pablo fue desde el inicio la de un mártir. O, más exactamente: al comienzo de su camino formó parte de los perseguidores y actuó con violencia contra los cristianos. A partir del momento de su conversión pasó a estar del lado de Cristo crucificado y eligió para sí el camino de Jesucristo. No era un diplomático: cuando realizó intentos diplomáticos obtuvo poco éxito. Era un hombre que no tenía otra arma que el mensaje de Jesucristo y el compromiso de su propia vida con ese mensaje. Ya la Carta a los filipenses (2,17) habla de que su vida será derramada como una libación; al atardecer de su vida, en su última palabra a Timoteo (4,6), aparece nuevamente la misma formulación. Pablo era un hombre capaz de dejarse herir, y esa era su auténtica fortaleza. No se cuidó a sí mismo, no intentó mantenerse al margen de contrariedades e incomodidades ni menos aún de depararse una buena vida.

Por el contrario: justamente el hecho de haberse expuesto a sí mismo, de no haberse cuidado, de haberse entregado a los golpes y haberse desgastado por el Evangelio lo ha hecho creíble y ha edificado la Iglesia: «Muy a gusto lo gastaré todo, y me desgastaré a mí mismo, por vuestras almas»: esta frase de la Segunda carta a los corintios (12,15) desvela la esencia más íntima de este hombre. Pablo no opinaba que la tarea principal de la pastoral fuese evitar las contrariedades, ni pensaba tampoco que un apóstol tuviese que tener sobre todo buena prensa. No: quería sacudir, desvelar el sueño de las conciencias, y ello aunque le costara la vida. A través de sus cartas sabemos que no era en absoluto un buen orador. Tal falta de talento retórico la tenía en común con Moisés y con Jeremías, que se habían defendido ante Dios afirmando que, por su carencia de dotes para la oratoria, no eran aptos para la misión prevista para ellos. «Su presencia corporal es poca cosa y su palabra despreciable» (2 Cor 10,10), decían de él sus adversarios. Sobre el comienzo de su misión en

Galacia relata el mismo Pablo: «Sabéis que la primera vez que os anuncié el Evangelio fue a consecuencia de una debilidad corporal» (Gál 4,13). La acción de Pablo no se desarrolló mediante una retórica brillante y estrategias astutas, sino mediante el compromiso y la exposición de su propia persona por su mensaje. También en la actualidad, la Iglesia convencerá a los hombres solo en la medida en que sus mensajeros estén dispuestos a dejarse herir. Donde falta la disponibilidad al sufrimiento falta la prueba esencial de verdad, imprescindible para la Iglesia. Su lucha solo puede ser la de aquellos que se dejan derramar a sí mismos: la lucha de los mártires.

Claro que, además del de instrumento de martirio, hay otro significado que podemos otorgar a la espada en manos de san Pablo: en la Sagrada Escritura, la espada es también símbolo de la palabra de Dios, que «es más tajante que una espada de dos filos [...] discierne las intenciones y pensamientos del corazón» (Heb 4,12). Pablo blandió esa espada: con ella conquistó a los hombres. Por último, «espada» es aquí simplemente una imagen del poder de la verdad, que es un poder de naturaleza muy propia y específica. La verdad puede doler, puede herir: he ahí su naturaleza de espada. Como vivir en la mentira o simplemente ignorando la verdad se presenta a menudo más cómodo que la exigencia de lo verdadero, los hombres se contrarían a causa de la verdad, quieren refrenarla, reprimirla, evitar el encuentro con ella. ¿Quién de nosotros podría negar que, más de una vez, la verdad le resultó molesta –la verdad sobre uno mismo, la verdad sobre lo que hemos de hacer u omitir–? ¿Quién de nosotros puede afirmar que nunca intentó esquivar la verdad o, por lo menos, amoldarla un poco para que resultara menos dolorosa? Pablo era incómodo porque era un hombre de la verdad; quien se consagra por entero a la verdad y no quiere tener ninguna otra arma pero tampoco ninguna otra tarea que la verdad, no será necesariamente asesinado, pero siempre se aproximará a la zona del martirio: se tornará en un sufriente. Anunciar la verdad sin convertirse en un fanático ni pretender tener invariablemente razón: esa sería la gran tarea.

Es posible que Pablo se haya vuelto a veces un poco amargo en la polémica, que se haya aproximado al fanatismo. Pero en modo alguno fue un fanático: textos llenos de bondad como los que encontramos en todas sus cartas –los más hermosos, tal vez, en la Carta a los filipenses– son los que representan verdaderamente su carácter. Podía permanecer exento de fanatismo porque no hablaba para sí, sino que llevaba a los hombres el don proveniente de Otro: la verdad proveniente de Cristo, que murió por ella y que hasta la muerte siguió siendo alguien que amaba. También en este punto, así lo creo, hemos de corregir un poco nuestra imagen de san Pablo. Tenemos demasiado presentes en nuestros oídos los textos de Pablo animados por el espíritu de lucha. Aquí vale de nuevo algo análogo al caso de Moisés: vemos a Moisés como el Moisés «con cuernos», férreo, iracundo. Pero el libro de los Números dice de él que era el más benigno de todos los hombres (12,3; LXX). Quien lea a Pablo en su integridad descubrirá al Pablo benigno. Antes dijimos que su éxito tuvo que ver con su disposición al sufrimiento. Ahora tenemos que agregar que sufrimiento y verdad forman una unidad. Pablo fue combatido porque era un hombre de la verdad. Pero el hecho de que de su palabra y su vida hayan surgido realidades permanentes depende de que sirvió a la verdad y sufrió por causa de ella. El sufrimiento es la necesaria acreditación de la verdad, pero solo la verdad da sentido al sufrimiento.

Delante de las escalinatas por las que se alcanza la entrada de la basílica de San Pedro están las estatuas de los apóstoles Pedro y Pablo. También sobre la portada principal de San Pablo Extramuros aparecen unidos y se representan escenas de la vida y pasión de ambos. La tradición cristiana ha contemplado desde el principio a Pedro y Pablo inseparablemente unidos: juntos representan el Evangelio en su integridad. En Roma, la unión de ambos apóstoles como hermanos en la fe ha adquirido además un significado muy específico. Los cristianos de Roma los consideraron como la contrafigura de los míticos hermanos Rómulo y Remo, a quienes se atribuye la fundación de Roma. Estos dos hombres se encuentran en una peculiar correspondencia con los primeros hermanos de la historia bíblica: Caín y Abel, uno asesino del otro. La palabra fraternidad tiene un sabor amargo desde lo puramente humano. Los ribetes que puede adquirir la fraternidad son objeto de representaciones en análogas parejas de hermanos en todas las religiones. Pedro y Pablo, que humanamente fueron muy diferentes entre sí y cuya permanencia uno junto al otro no estuvo en verdad exenta de conflictos, aparecen así como fundadores de una nueva ciudad, como la encarnación de la nueva y verdadera forma de hermandad que se ha hecho posible gracias al Evangelio de Jesucristo. No es la espada del conquistador la que salva el mundo, sino solo la espada del sufriente. Solamente el seguimiento de Cristo conduce a la nueva hermandad, a la nueva ciudad: así nos lo indican estos dos hermanos que nos hablan a través de las dos grandes basílicas de Roma.

Nuestra señora de la Candelaria (presentación del Señor)
(2 de febrero)

En la vida cotidiana civil pasa ya casi inadvertido que el 2 de febrero celebramos una antiquísima fiesta de las Iglesias de Oriente y Occidente que antes desempeñaba entre nosotros un papel importante en el año campesino: Nuestra Señora de la Candelaria. Se trata de una fiesta en la que se han reunido varios cauces históricos, de modo que reluce con una variedad de colores. Su ocasión inmediata es la conmemoración de que, al cumplirse los cuarenta días después del nacimiento de Jesús, María y José lo llevaron al templo a fin de ofrecer el sacrificio de purificación prescrita por la ley.

La liturgia ha escogido sobre todo un rasgo particular de la escena relatada por Lucas: el encuentro entre el niño Jesús y el anciano Simeón. De ese modo, la fiesta adquirió en el ámbito de habla griega el nombre de *hypapanti*, «encuentro». En esta conjunción entre el niño y el anciano ve la Iglesia el encuentro del mundo pagano, en proceso de desaparición, y el nuevo comienzo en Cristo, o entre el tiempo de la antigua alianza, que termina, y el nuevo tiempo de la Iglesia de los gentiles.

Lo que aquí se afirma es más que el eterno retorno del morir para devenir, más que el consuelo de que, a la desaparición de una generación, sigue una y otra vez una nueva con renovadas ideas y esperanzas. Si así fuese, ese niño no sería esperanza alguna para Simeón, sino solo para sí mismo. Pero él es más que eso: es esperanza para todos porque es una esperanza que trasciende la muerte.

Con ello abordamos el segundo contenido central que la liturgia ha dado a este día. Parte de la frase de Simeón que denomina al niño «luz para iluminar a las naciones». Según esta frase, el día resultó plasmado como una fiesta de las luces. La cálida luz de las candelas ha de ser una expresión ostensible de la Luz más grande que dimana de la figura de Jesús por encima de todo tiempo. Con esta procesión de candelas se reprimió en Roma un desfile ruidoso y desenfrenada llamado *Amburbale*, que, originado en el paganismo, se había mantenido hasta bien entrada la era cristiana. El desfile pagano poseía rasgos mágicos: debía servir para purificar la ciudad y expulsar los poderes malignos.[5] Como recuerdo de este contenido, la procesión cristiana se realizaba primero con ornamentos negros; posteriormente –hasta la reforma de la liturgia del Concilio–, con ornamentos violetas. De ese modo, en la procesión se manifestaba una vez más el fenómeno del encuentro: el grito salvaje del mundo pagano clamando purificación, liberación, superación de los poderes tenebrosos, se encuentra con la «luz para iluminar a las naciones», con la luz benigna y humilde de Jesucristo. El tiempo de un mundo sucio, caótico, esclavizado y esclavizante, ese tiempo que desaparece pero que, sin embargo, se hace tan presente una y otra vez, se encuentra con la fuerza purificadora del mensaje cristiano.

Este hecho me trae a la memoria una frase del dramaturgo Eugène Ionesco. Como inventor del teatro del absurdo, Ionesco dio expresión perceptible al grito de un mundo absurdo y, al mismo tiempo, captó de forma creciente que ese grito clamaba por Dios. Según dijo en una ocasión Ionesco, «la historia es descomposición, es caótica cuando no está orientada hacia lo sobrenatural». La procesión de candelas con los ornamentos negros, el encuentro simbólico entre caos y luz que en ella acontece, debería recordarnos esta verdad y darnos el coraje para no ver lo sobrenatural como una pérdida de tiempo en la tarea de mejorar el mundo, sino como el único camino que puede aportar sentido a lo caótico.

La cátedra
del apóstol san Pedro
(22 de febrero)

Quien tras recorrer la portentosa nave central de la basílica de San Pedro llega por fin al altar que la remata en el ábside, esperaría encontrarse de hecho con una representación triunfal de san Pedro, en torno a cuya tumba se edificó esta iglesia. Pero nada de eso: la figura del Apóstol no aparece entre las imágenes del altar. En lugar de ello nos encontramos frente a un trono vacío que casi da la impresión de estar suspendido, aunque se halla sostenido por las cuatro figuras de los grandes doctores de la Iglesia de Oriente y de Occidente. La luz amortiguada que baña el trono proviene de la ventana que se encuentra más arriba, rodeada de ángeles suspendidos que transmiten hacia abajo los torrentes de luz.

¿Qué quiere significar esta composición? ¿Qué nos dice? Me parece que en ella se esconde una profunda interpretación de la esencia de la Iglesia, una interpretación del ministerio de Pedro. Comencemos por la ventana, que con sus colores atenuados suscita el recogimiento interior y abre al mismo tiempo hacia fuera y hacia lo alto. La ventana conecta la iglesia con la creación en su conjunto; a través de la paloma del Espíritu Santo insinúa a Dios como la verdadera fuente de toda luz. Pero nos dice algo más: la Iglesia misma es por su esencia como una ventana, ámbito de contacto entre el misterio trascendente de Dios y nuestro mundo, un hacerse traslúcido del mundo hacia el esplendor de su luz. La Iglesia no está para sí misma, no es un fin, sino un ponerse en movimiento más allá de sí y más allá de nosotros mismos. La Iglesia realiza tanto más su verdadera esencia cuanto mayor transparente se hace respecto del Otro de quien proviene y hacia quien conduce. A través de la ventana de su fe, Dios entra en este mundo y despierta en nosotros el anhelo de lo más grande. La Iglesia es un entrar y salir de Dios hacia nosotros y de nosotros hacia Dios. Su encargo es abrir un mundo que se cierra en sí mismo, abrirlo más allá de sí mismo, darle la luz sin la cual sería inhabitable.

Contemplemos ahora el siguiente nivel de este altar: la *cathedra* vacía de bronce dorado en la que está encerrada una silla proveniente del siglo IX que durante largo tiempo se consideró como la cátedra del apóstol Pedro y que, por eso mismo, se colocó en este lugar. La cátedra de Pedro dice más de lo que podría decir una imagen. Expresa la presencia permanente del Apóstol, que como maestro sigue presente en sus sucesores. La cátedra del Apóstol es una insignia: es el trono de la verdad que, en la hora de Cesarea, se convirtió en su misión y la de sus sucesores. La sede magisterial reitera de alguna manera para nuestro recuerdo las palabras del Señor en el Cenáculo: «Yo he rogado por ti, a fin de que tu fe no desfallezca. Y luego tú, cuando te hayas vuelto, confirma a tus hermanos» (Lc 22,32). Pero hay otro recuerdo relacionado con la cátedra del Apóstol: la frase de Ignacio de Antioquía, que hacia el año 110 en su Carta a los romanos designó a la Iglesia de Roma como aquella que está puesta en la «presidencia de la caridad». Presidencia en la fe tiene que ser presidencia en la caridad: ambas son inseparables. Una fe sin amor no sería ya la fe de Jesucristo. Pero la representación de san Ignacio era aún más concreta: la palabra «amor» en el lenguaje de la Iglesia primitiva era también expresión de la Eucaristía. En efecto, la Eucaristía proviene del amor de Jesucristo, que dio su vida por nosotros. En ella, él se nos reparte de continuo, se deposita en nuestras manos. A través de ella se cumple sin cesar su promesa de que, desde la cruz, nos atraerá a sus brazos abiertos (véase Jn 12,32). En el abrazo de Cristo somos conducidos unos hacia otros. Somos introducidos en el Cristo uno y, de ese modo, nos pertenecemos mutuamente en la unidad: ya no puedo contemplar como un extraño a quien se encuentra en el mismo contacto con Cristo que yo.

Pero todas estas cosas no son en modo alguno remotos pensamientos místicos. La Eucaristía es la forma fundamental de la Iglesia. La Iglesia se forma en la asamblea eucarística. Y como todas las asambleas de todos los lugares y todos los tiempos pertenecen siempre y solo al único Cristo, se sigue que todas ellas solo forman una única Iglesia. Ellas extienden, por decirlo así, una red de la hermandad por encima del mundo entero y conectan a cercanos y lejanos de tal manera que, a través de Cristo, todos son próximos entre sí. Por lo común, nuestra opinión es que amor y orden se oponen: donde hay amor, no necesito más orden, porque todo se entiende por sí mismo. Pero se trata de un malentendido, tanto acerca del orden como del amor. El recto orden humano es algo distinto que los barrotes de rejas que se colocan delante de las fieras para mantenerlas dentro de determinados límites. El orden es el respeto por el otro y por lo propio, que se ama al máximo cuando se lo asume en el recto sentido de su existencia. Así, la Eucaristía contiene orden, y su orden es propiamente el núcleo del orden de la Iglesia. Según ello, la silla vacía que remite a la presidencia en el amor nos habla de la armonía entre amor y orden. En lo más profundo, la silla vacía remite a Cristo como el verdadero presidente en el amor. Remite al hecho de que la Iglesia tiene su centro en el culto divino. Nos dice que la Iglesia solo puede permanecer una a partir de la comunión con Cristo crucificado. No hay actividad organizativa que pueda garantizar su unidad. Ella solo puede ser y seguir siendo Iglesia universal si su unidad es más que organización: si vive desde Cristo. Solo la fe eucarística, solo la asamblea reunida en torno al Señor presente puede darle subsistencia a largo plazo. Y de ahí extrae la Iglesia su orden. No se rige por resoluciones de la mayoría, sino por la fe que madura en el encuentro con Cristo en la liturgia.

El servicio petrino es presidencia en el amor, es decir, la preocupación por que la Iglesia asuma su patrón de medida de la Eucaristía. La Iglesia llegará a ser tanto más unida cuanto más viva desde la medida de la Eucaristía y cuanto mayor sea la fidelidad con que, en la Eucaristía, se atiene a la medida de la tradición de la fe. Tanto más madurará también, a partir de la unidad, el amor que se orienta hacia el mundo: en efecto, la Eucaristía descansa sobre el acto de amor de Jesucristo hasta el extremo de la muerte. Por supuesto, esto significa al mismo tiempo que no puede amar quien vea el dolor como algo que puede eliminarse o, en todo caso, dejarse a los demás. «Presidencia en el amor»: antes hablamos del trono vacío, pero ahora se ha puesto de manifiesto que el «trono» de la Eucaristía no es un trono de señorío sino la silla dura de quien sirve.

Miremos ahora hacia el tercer nivel de este altar: hacia los padres que sostienen el trono del servicio. Los dos doctores de Oriente, Crisóstomo y Atanasio, representan junto con los latinos Ambrosio y Agustín la integridad de la tradición y, de ese modo, la plenitud de la fe de la Iglesia una. Dos reflexiones son importantes en este contexto: el amor se apoya en la fe. El amor se descompone cuando el hombre pierde la orientación; se descompone allí donde el hombre no quiere ya percibir a Dios. Como el amor y con él se apoyan también en la fe el orden y el derecho, así como la autoridad en la Iglesia. La Iglesia no puede inventarse a sí misma, no puede inventar el orden que ha de darse, solo puede procurar entender cada vez mejor la llamada interior de la fe y vivir a partir de ella. No necesita el principio de la mayoría, que siempre contiene en sí algo de crueldad: la parte perdedora tiene que plegarse, para conservar la paz, a la resolución de la mayoría, aun cuando tal resolución sea tal vez necia o incluso nociva. Tal vez en los órdenes humanos no haya otra forma de hacerlo. Pero en la Iglesia la vinculación a la fe nos protege a todos: cada uno está obligado a la fe y, en tal sentido, el orden sacramental otorga más libertad de la que pueden dar quienes quieren someter también a la Iglesia al principio de la mayoría.

Y una segunda cosa se agrega a lo dicho: los Padres de la Iglesia aparecen como los garantes de la fidelidad a la Sagrada Escritura. Las hipótesis de la interpretación humana son inestables. No pueden sostener el trono. La fuerza preñada de vida que posee la palabra de la Escritura está interpretada y apropiada en la fe que los Padres y los grandes concilios han captado a partir de ella. Quien se atiene a esa fe, ha encontrado lo que otorga un fundamento firme en medio de la mudanza de los tiempos.

Por último, la multiplicidad de las partes no debe hacernos olvidar el conjunto. En efecto, los tres niveles del altar nos introducen en un movimiento que es al mismo tiempo ascendente y descendente.

La fe conduce al amor. En ello se manifiesta si se trata de fe, en términos absolutos. Una fe oscura, enfurruñada, egoísta, es una fe fallida. Quien descubre a Cristo, quien descubre la red universal del amor que Cristo ha arrojado en la Eucaristía, tiene que ponerse alegre y convertirse él mismo en alguien capaz de dar. La fe conduce al amor, y solo por el amor alcanzamos la altura de la ventana, la visión hacia el Dios viviente, el contacto con el torrente de luz del Espíritu Santo. Así, ambas direcciones se interpenetran. De Dios viene la luz, que, al descender hacia nosotros, despierta la fe y el amor, para llevarnos después consigo hacia lo alto por la escala que conduce nuevamente de la fe al amor y a la luz del Eterno.

Finalmente, la dinámica interior en que nos introduce el altar permite entender todavía un último elemento: la ventana del Espíritu Santo no está sola, sino rodeada por la multitud desbordante de los ángeles, por un coro de alegría. Eso significa que Dios nunca está solo. Contradiría su esencia que lo estuviese. El amor es participación, comunidad, alegría. Esta percepción suscita todavía otro pensamiento: a la luz se agrega el sonido. Casi creemos poder oír el resonar del cántico de esos ángeles, pues es imposible imaginarse estos torrentes de alegría en medio del silencio, del mismo modo como tampoco es posible imaginárselos como parloteo y gritería. Solo es posible imaginarlos como alabanza en la que se unen armonía y multiplicidad: «Tú habitas en las alabanzas de Israel», dice el salmo (22 [21],4). La alabanza es de alguna manera la nube de la alegría por la que Dios viene, y que lo conduce como su vehículo hacia este mundo. El culto divino es por eso la irrupción del resplandor de la luz eterna y del resonar del sonido de la alegría de Dios en nuestro mundo, y es al mismo tiempo nuestro acercarnos, tanteando, desde la hondura de nuestras preguntas y confusiones al fulgor consolador de esa luz, el ascenso por la escala que de la fe conduce al amor y, con ello, abre la mirada de la esperanza.

Carnaval

El carnaval, desde luego, no es una fiesta eclesiástica. Pero, por otro lado, tampoco es imaginable sin el calendario festivo de la Iglesia. Por eso, una reflexión sobre su origen y significado puede resultar sin duda útil también para la comprensión de la fe.

Las raíces del carnaval son múltiples: judías, paganas, cristianas, y las tres remiten a aspectos comunes de los seres humanos de todos los tiempos y lugares. En el calendario festivo judío le corresponde aproximadamente la fiesta Purim, que conmemora la salvación de Israel de la amenaza de la persecución en el Imperio persa, salvación que, según el relato bíblico, se debe a la reina Ester. La desbordante alegría con que se celebra la fiesta quiere ser expresión del sentimiento de liberación que, en ese día, no es solo recuerdo sino también promesa: quien está en manos del Dios de Israel se ve liberado de antemano del lazo de sus adversarios.

Al mismo tiempo, detrás de esta fiesta licenciosamente mundana que, sin embargo, tenía y sigue teniendo su lugar en el calendario religioso, se encuentra aquel saber acerca del ritmo de los tiempos que halla una formulación válida en el libro del Eclesiastés:

«Todo tiene su momento y, cada cosa, su tiempo bajo el cielo. Hay tiempo de nacer y tiempo de morir. Hay tiempo de plantar y tiempo de arrancar lo plantado [...] Hay tiempo de llorar y tiempo de reír. Hay tiempo de gemir, y tiempo de bailar» (Ecl 3,1ss).

No todo es acertado en cualquier momento: el hombre necesita un ritmo, y el año ofrece ese ritmo ya desde la creación, y de nuevo desde la historia, que la fe representa en el curso del año.

Con ello hemos llegado al tema del año eclesiástico, que permite al hombre recorrer con el ritmo de la creación toda la historia de salvación y que, de ese modo, ordena y purifica al mismo tiempo lo caótico y múltiple de nuestra naturaleza. En este ciclo hecho de naturaleza y de historia no se deja fuera nada humano, y solo así puede ser salvado todo lo humano, lo oscuro y lo luminoso, lo sensorial y lo espiritual. Cada cosa recibe su lugar en el conjunto, un lugar que le otorga sentido y que lo libera de su pérdida en la singularidad. Por eso es necio pretender prolongar el carnaval cuando los negocios y las agendas lo recomiendan: el tiempo fabricado por uno mismo se convierte en aburrimiento porque, de ese modo, el hombre se torna en su propio creador, se queda solo consigo mismo y, así, se encuentra verdaderamente abandonado. El tiempo deja de ser el regalo múltiple de la creación y de la historia para convertirse en el monstruo que se devora a sí mismo, en el movimiento en vacío de lo eternamente idéntico que nos centrifuga en su circularidad sin sentido hasta que nos devora también a nosotros.

Pero regresemos a las raíces del carnaval. Aparte de la prehistoria judía se encuentra la pagana, cuyo rostro fiero y peligroso nos mira todavía desde las máscaras utilizadas en el ámbito alpino y suabo-alamán. Aquí se trata de ritos de la expulsión del invierno, de la expulsión de los poderes demoníacos: en el cambio del tiempo se sentía la amenaza del mundo; había que asegurar la nueva creación de la tierra y de su fecundidad frente a la nada con que el mundo entraba en contacto en el sueño del invierno.

En este punto podemos observar algo muy importante: la máscara demoníaca se convierte en el mundo cristiano en una mascarada divertida; la lucha con los demonios, en que la vida corre peligro, se vuelve un *gaudium* previo a la seriedad de la Cuaresma. En esta mascarada acontece lo que podemos ver a menudo en los salmos y en los profetas: la misma se convierte en una burla de los dioses, a los que ya no necesita temer quien conoce al Dios verdadero. Las máscaras de los dioses se han tornado en un espectáculo divertido, expresan la alegría desbordante de quienes pueden tomar como motivo de risa lo mismo que antes les producía horror. En tal sentido, en el carnaval se esconde sin duda la liberación cristiana, la libertad de un Dios que lleva a aquella plenitud de la que se trataba en la fiesta judía de Purim.

Pero, si así es, cabe preguntarse al final: ¿tenemos todavía esa libertad? ¿No es así que, por último, queremos liberarnos también de Dios mismo, de la creación y de la fe, para ser plenamente libres? ¿Y no trae esto como consecuencia que nos vemos entregados nuevamente a los dioses, a los poderes del negocio, de la avaricia, de la opinión pública? Dios no es el adversario de nuestra libertad sino su fundamento: esto es lo que tenemos que aprender de nuevo en estos días. Solo el amor, que es omnipotente, puede ser fundamento de una alegría sin miedos.

PASCUA

Buscar lo de arriba (Col 3,1)

«Este es el día en que actuó el Señor. Cantemos y alegrémonos en él». Así cantamos con un versículo del Salterio de Israel que manifestaba intrínsecamente la espera del Resucitado y que, de ese modo, tenía que convertirse en cántico pascual de los cristianos. Cantamos el Aleluya, en el que una palabra del idioma hebreo se ha convertido en expresión intemporal de la alegría de los redimidos.

Pero ¿es lícito que nos alegremos, realmente? ¿No es la alegría casi algo así como un cinismo, como una burla, en un mundo tan lleno de sufrimiento? ¿Estamos redimidos? ¿Esta redimido el mundo?

Los disparos con los que fue asesinado el arzobispo de San Salvador [Óscar Romero, 1980] durante la consagración son solo un fogonazo deslumbrante que deja caer su luz sobre el desencadenamiento de la violencia, sobre la barbarización del ser humano que se extiende por todo el orbe. En Camboya desaparece lentamente todo un pueblo, y nadie quiere tomar nota de ello. Y por todas partes hay también hombres que sufren a causa de su fe, de sus convicciones, cuyos derechos son pisoteados. Dimitri Dudko, el sacerdote ruso, dirigió en noviembre de 1980 un mensaje a todos los cristianos, presintiendo probablemente su cercano arresto. Dice Dudko acerca de su mensaje que está hablando desde el Gólgota y, al mismo tiempo, desde el lugar en que el Señor resucitado se apareció atravesando puertas cerradas. Ve Moscú como el Gólgota en que el Señor es crucificado. Pero a la vez lo ve como el lugar en que, a pesar o justamente a raíz de las puertas cerradas que quisieran impedirle el acceso, el Resucitado se hace presente y se manifiesta visiblemente.

Quien contempla el mundo de ese modo podría preguntarse si realmente tenemos tiempo para pensar en Dios y en las cosas divinas, o si no sería mejor que empleáramos todas las fuerzas para hacer que esta tierra fuese mejor. Bertold Brecht escribió en su momento el siguiente verso inspirado en la misma convicción: «No os dejéis seducir: moriréis con todos los animales, y después no viene nada más». Brecht veía la fe en el más allá, en la resurrección, como una seducción del hombre que le impide aprehender de lleno este mundo, esta vida. Pero quien opone la semejanza divina del hombre a su semejanza de los animales, pronto lo considerará también como un animal. Y si –como dice otro poeta moderno– morimos como perros, muy pronto viviremos también como perros y nos trataremos como perros, o más bien, como no se debería tratar a ningún perro.

Más honda fue la mirada del filósofo judío Theodor Adorno, que a partir del apasionado anhelo mesiánico de su pueblo preguntó y buscó una y otra vez cómo se puede crear un mundo justo, la justicia en el mundo. Finalmente, Adorno llegó a la siguiente convicción: para que en verdad haya justicia en el mundo tiene que haber justicia para todos y para siempre; es decir, justicia también para los difuntos. Debería ser una justicia que revocara de forma irrevocable y reparara también los sufrimientos del pasado. Pero para que esta fuese posible, debería haber resurrección de los muertos.

Creo que sobre este trasfondo podemos captar de nuevo el mensaje de la Pascua. ¡Cristo ha resucitado! ¡Sí, hay justicia para el mundo! Existe la justicia completa para todos, una justicia que es capaz de revocar también lo irrevocablemente pasado, porque existe Dios y porque él tiene el poder para ello. Dios no puede sufrir, pero sí compadecer, como formuló una vez san Bernardo de Claraval. Él puede compadecer porque puede amar. Este poder de la compasión a partir del poder del amor es el poder que es capaz de revocar lo irrevocable y otorgar justicia. Cristo ha resucitado, es decir, existe la fuerza que puede crear justicia y que crea justicia. Por eso, el mensaje de la resurrección no es solo un himno a Dios, sino también un himno al poder de su amor, y por eso un himno al hombre, a la tierra y a la materia. Todo es salvado. Dios no deja que ninguna parte de su creación caiga silenciosamente en lo pretérito. Él ha creado todo para que exista, como dice el libro de la Sabiduría. Él lo ha creado todo para que todo sea una sola cosa y todo le pertenezca, para que sea válido que Dios es todo en todo.

Pero entonces se plantea la siguiente pregunta: ¿cómo podemos corresponder a este mensaje de resurrección? ¿Cómo puede él introducirse y hacerse realidad entre nosotros? La Pascua es como el resplandor de la puerta abierta que conduce fuera de la injusticia del mundo y la invitación a seguir ese resplandor de luz, a mostrárselo a otros, sabiendo que no se trata de un ensueño sino de la luz real, de la salida real. Pero ¿cómo podemos ir hacia allá? A esa pregunta responde la lectura del domingo de Pascua, donde Pablo escribe a los colosenses: «Si habéis sido resucitados juntamente con Cristo, buscad lo de arriba, donde está Cristo, sentado a la derecha de Dios. Aspirad a lo de arriba, no a lo de la tierra» (Col 3,1s).

Quien escuche con oídos modernos esta indicación de san Pablo en el mensaje de Pascua, quien preste atención a la realidad de la Pascua, estará probablemente tentado de decir: ¡o sea, que es verdad: fuga hacia el cielo, fuga del mundo! Pero tal interpretación es un grave malentendido. En efecto: para la vida humana rige la ley fundamental de que solo quien se pierde se encuentra. Quien se quiere retener a sí mismo, quien no se trasciende, justamente ese no se recibe a sí mismo. Esta ley fundamental de la condición humana, que sigue a la ley fundamental del amor trinitario, a la esencia del ser de Dios, que en el darse a sí mismo como amor es la verdadera realidad y el verdadero poder, vale para todo el ámbito de nuestra relación con la realidad.

Quien solo quiere la materia, ese justamente la deshonra, le arrebata su grandeza y su dignidad. Más que el materialista es el cristiano quien da a la materia su dignidad, porque la abre a fin de que también en ella Dios sea todo en todo. Quien solo busca el cuerpo, lo empequeñece. Quien solo quiere las cosas de este mundo, ese destruye justamente de ese modo la tierra. Servimos a la tierra en la medida en que la trascendemos. La sanamos en cuanto no la dejamos estar en soledad y en cuanto nosotros mismos no permanecemos solos. Así como la tierra necesita físicamente del sol a fin de seguir siendo un astro de vida, y así como necesita de la consistencia del todo para recorrer su trayectoria, así también el cosmos espiritual de la tierra del hombre necesita la luz de lo alto, la fuerza que otorga cohesión, la misma fuerza que le da apertura. No debemos cerrar la tierra para salvarla, no debemos aferrarnos a ella. Debemos abrir de par en par sus puertas, a fin de que las verdaderas energías de las cuales ella vive y que nosotros mismos necesitamos puedan estar presentes en ella. ¡Buscad lo de arriba! Este es un encargo para la tierra: vivir orientados hacia arriba, hacia lo alto, hacia lo que es elevado y grande, y oponerse a la pesantez de lo de abajo, de la descomposición. Esto significa seguir al Resucitado, servir a la justicia, a la salvación de este mundo.

El primer mensaje que el Resucitado transmite a los suyos a través de los ángeles y de las mujeres reza: ¡Seguidme, que yo os precederé! La fe en la resurrección es un caminar. La fe en la resurrección no puede ser otra cosa que un ir detrás de Cristo, en el seguimiento de Cristo. Adónde fue él, de qué modo lo hizo y adónde hemos de seguirlo nosotros nos lo ha expresado muy claramente Juan en su Evangelio de Pascua: «Voy a subir a mi Padre y vuestro Padre, a mi Dios y vuestro Dios» (Jn 21,17). El Resucitado dice a Magdalena que ahora no puede tocarlo, y que solo podrá hacerlo cuando ya haya ascendido. No podemos tocarlo de tal modo que lo hagamos regresar a este mundo: solo podemos tocarlo siguiéndolo, ascendiendo con él. Por eso, la tradición cristiana ha hablado muy conscientemente de seguimiento de Cristo, y no simplemente de seguimiento de Jesús. No seguimos al muerto sino al Viviente. No buscamos imitar una vida pasada o transformarla en un programa con todo tipo de compromisos y reinterpretaciones. No debemos dejar fuera del seguimiento aquello que le es auténticamente propio, a saber, la cruz, la resurrección y la filiación divina, el ser-junto-al-Padre. Justamente de ello depende todo. Seguimiento significa –una vez más según Juan– que, ahora, podemos ir a donde Pedro y los judíos no podían ir al comienzo, pero allí nosotros podemos ir ahora porque él nos ha precedido y desde que él nos ha precedido. Seguimiento significa asumir el camino en su totalidad, entrar en lo que es de arriba, en lo oculto, que es lo auténtico y propio: en la verdad, en el amor, en la condición de hijos de Dios. Ahora bien, un seguimiento semejante se da siempre y solo en la modalidad de la cruz, en el verdadero perderse a sí mismo, que es la única modalidad en que se abren los tesoros de Dios y de la tierra, la única que abre, por decirlo así, las fuentes vivas de la profundidad y deja entrar la fuerza de la vida verdadera en este mundo. Es un adentrarse en lo oculto a fin de encontrar, en la verdadera pérdida de sí, la condición de ser humano. Y después, eso mismo significa también hallar aquella reserva de alegría que el mundo necesita con tanta urgencia. No es solo nuestro derecho: es nuestra obligación alegrarnos, porque el Señor ha regalado la alegría y porque el mundo la espera.

Un breve ejemplo al respecto. La médica británica Sheila Cassidy, que en 1978 entró en la orden benedictina, fue apresada en 1975 en Chile y torturada porque había prestado atención médica a un revolucionario. Poco después de ser torturada la trasladaron a otra celda, en la que encontró una Biblia gastada por el uso. Abrió el libro y lo primero con que se topó fue con una imagen en la cual había un hombre totalmente abatido por los truenos, los relámpagos y el granizo que caían sobre él. En ese momento se identificó con el hombre de la imagen, se reconoció a *sí misma* en él. Pero después siguió contemplando la imagen y, en la mitad superior de la misma, encontró una mano poderosa, la mano de Dios, y además la frase del capítulo 8 de la Carta a los romanos, tomada del meollo mismo de la fe en la resurrección: «Nada puede separarnos del amor de Cristo» (8,39). Y si primero había captado sobre todo la mitad inferior de la imagen, esa irrupción de todo lo tremendo que la deja abatida, indefensa como un gusano, ahora captaba cada vez más la segunda mitad, la mano poderosa, el «nada puede separarnos».

Si al inicio todavía rezaba: «Señor, déjame en libertad», ese sacudir interiormente los barrotes de la celda se convirtió cada vez más en aquel abandono sereno y verdaderamente libre que, con Cristo Jesús, reza: «No se haga mi voluntad, sino la tuya». Y así experimentó cómo la invadía una gran libertad y bondad para con aquellos que odiaban, a quienes ahora podía amar porque reconocía su odio como su miseria y cautividad. Después se la colocó junto a las mujeres marxistas, para quienes llevó a cabo celebraciones religiosas y que, con ella, descubrieron esa ausencia de odio y la gran libertad que de la misma brotaba. Dice la religiosa: «Sabíamos que esta libertad que teníamos detrás de gruesos muros no era algo imaginario sino una realidad totalmente real». Tras ocho semanas, fue dejada en libertad. Pero de su experiencia le quedó que, a partir de entonces, en su vida cotidiana encuentra siempre en los hombres y en las cosas a Cristo, de modo que, desde ese momento, puede entender «que los hombres que están signados por la cruz de Cristo caminen alegres a través de la oscuridad». Hallar la vida oculta significa

abrir las fuentes de fuerza de este mundo, significa co-
nectar el mundo con el poder que es capaz de salvarla
y de darle las energías que en vano busca dentro de sí
mismo. Significa alumbrar las fuentes de la alegría
que salva y transforma y que tiene el poder de revocar lo irrevocable. ¡Buscad lo de arriba! No se trata de
un manotazo en el vacío, sino de la gran puesta en
marcha pascual hacia lo auténticamente real.[6]

Me sentí estremecido cuando, en una ocasión,
leí la afirmación de una misionera india según la
cual, en realidad, todavía no estamos en condiciones de mostrar a Cristo a los hombres de la India,
puesto que la mayoría de los misioneros, orientados
en su acción totalmente hacia fuera, de acuerdo a
los criterios indios no son realmente capaces de orar.
Según la misma misionera, esta incapacidad tiene
a su vez como resultado que los misioneros no llegan a tocar en absoluto desde dentro el punto de la
unificación interior entre Dios y el hombre; y de
ese modo, tampoco se puede mostrar al mundo el
misterio de Aquel que se hizo hombre y conducirlo
hacia la libertad que procede de ese misterio. He aquí
el llamamiento más profundo de la Pascua: nos invita
a ponernos en marcha hacia dentro y hacia arriba,
hacia la verdadera realidad, que está oculta y que tenemos que descubrir como realidad. Solo podemos
creer en el Resucitado si nos hemos encontrado con
Él. Solo podemos encontrarnos con Él si lo hemos seguido. Y cuando hemos hecho ambas cosas, podemos
dar testimonio de Él y llevar su luz a este mundo.

Uno de los salmos de Israel, que la Iglesia entiende como salmo de la Pasión de Jesucristo y que durante mucho tiempo se rezó al comienzo de cada misa, dice: «¡Hazme justicia, oh Dios!». Es el clamor de todo un mundo que se encuentra en situación de Pasión. ¡Haz justicia, oh Dios! Dios ha dicho que sí: ¡Cristo ha resucitado! Lo irrevocable es revocable. La fuerza de la transformación está ahí. ¡Vivamos hacia ella! ¡Busquemos lo de arriba!

No es la causa de Jesús, sino Jesús mismo el que vive

Resucitó al tercer día: así lo confesamos con la Iglesia mediante palabras que se remontan hasta la primitiva comunidad eclesial de Jerusalén, más aún, hasta la predicación de Jesús, y cuyas raíces se hunden profundamente en el Antiguo Testamento. Se puede preguntar, pues: ¿qué significa propiamente que esta fecha haya sido incorporada a nuestro símbolo de fe? Ante todo, con ello la cristiandad sin duda quería poner de relieve el primer día de la semana como el nuevo día en que se dio la victoria de la vida, grabar el domingo en la memoria del mundo como el día en que comienza una nueva era y en torno al cual se ordena el tiempo a partir de entonces. El día de la resurrección ha quedado consignado en la profesión de fe. Pertenece al centro de la fe y de la vida de la Iglesia. No se trata de un acuerdo arbitrario, sino del día en que la nueva vida hizo su entrada en este mundo.

Más allá de eso, en esta determinación del «tercer día» resuenan ideas veterotestamentarias que, al mismo tiempo, ayudan a interpretar qué significa la resurrección en relación a nuestra vida y a los tiempos. En las descripciones de la celebración de la alianza junto al Sinaí, el tercer día es siempre el de la teofanía, es decir, el día en que Dios aparece y habla. De ese modo, con la determinación del «tercer día» se designa la resurrección de Jesús como la celebración de la alianza definitiva, como la entrada definitiva y real de Dios en la historia, que se da a conocer aquí, en medio de nuestro tiempo mundano, y se introduce en su interior. La determinación del tercer día significa que Dios ha conservado el poder sobre la historia, que no ha dejado ese poder en manos de la naturaleza. Significa que él no devino impotente y que, a pesar de todo, la ley universal de la muerte no es el último poder del mundo: ese poder último, que es también el primero, es Dios.

Además, en el trasfondo incide ciertamente también el hecho de que en Oriente se consideraba que la descomposición del cuerpo se iniciaba después del tercer día como la fijación definitiva e irrevocable de la muerte. Es así como acerca de Lázaro se relata expresamente que ya se encuentra cuatro días en la tumba y que ha entrado en el proceso de descomposición. Con la determinación del tercer día se hacía eco de la versión griega del salmo 16: «Tú no dejarás que tu consagrada experimente corrupción». Como la cristiandad sabía en la fe que esas palabras de esperanza, que estaban aún sin cumplimiento en el corazón de Israel, se habían cumplido en Jesús, sabía que ese versículo de esperanza se refería a Él (véase He 2,25-33).

La resurrección al tercer día era la respuesta a esa promesa, era la confesión de fe en que Jesús no había quedado en la tumba, presa de las garras de la muerte, sino que, en él, la definitividad de la muerte había sido superada por la definitividad de la vida.

Así pues, esta indicación de fecha «al tercer día», mencionada como de paso, nos permite entender de nuevo qué tiene que decirnos la resurrección como mensaje también para este, nuestro tiempo. Ante todo, la resurrección significa según ello la precedencia de la persona respecto de la cosa. En la década de 1960 se inventó, para explicar la resurrección de Jesús, la fórmula: «La causa de Jesús sigue adelante». Según se afirmaba, eso es lo que los discípulos habían entendido «al tercer día». Pero si solo fuese la continuidad de la causa de Jesús, no podría decirse de ella nada diferente de lo que puede constatarse también sobre Marx o Lenin, sobre Adenauer y De Gaulle. En ese caso, no habría sucedido en Jesucristo nada realmente nuevo, sino que conservaría su vigencia la melancólica expresión de la resignada sabiduría veterotestamentaria: nada hay nuevo bajo el sol. A pesar de toda apariencia de novedad, en última instancia solo permanece el eterno retorno del morir, devenir y morir. Eso significaría asimismo que cuanto los hombres han pensado, vivido y amado se hunde en el mutismo indiferente de la muerte; que, al final, la pequeña civilización terráquea se extinguirá en medio del infinito mar de estrellas y quedará cubierta por la arena de la nada, como lo formulara Lévi-Strauss.

«La causa de Jesús sigue adelante.» Esta frase dice demasiado poco; más aún, expresa algo erróneo. Pues lo que afirma significaría que solo la «causa» es lo que en todo caso permanece en el mundo. Los hombres vienen y se van. Solo son los actores cambiantes en el escenario de la historia que actúan para la causa, que es lo único permanente. De ese modo, las personas solo estarían al servicio de la causa. La persona sería solo un medio, y la causa el fin. Si así fuese, se podría sacrificar también a la persona por la causa. Todas las ideologías crueles que han despreciado al ser humano y cuyas tremendas consecuencias hemos experimentado en el siglo XX y ya desde el año 1789 se basan en última instancia en ese menosprecio por la persona.

Una vez leí en un sermón la frase: «Cristo murió por la causa más noble de la humanidad». No: Cristo no murió por una causa. Él murió por Dios y por los hombres, y en ello estriba la victoria de Dios y la victoria para el hombre. Las causas siguen siendo innobles si por ellas se inmola a personas humanas. El Resucitado es el triunfo de la persona, que es más que todas las causas puesto que Dios es persona y ha llamado al hombre con amor eterno a fin de que él mismo sea eterno y, con ello, su amor sea eterno también.

Resurrección de Jesús significa, además, que el espíritu está sobre la materia. Hoy casi no nos atrevemos a decirlo, puesto que estamos avergonzados por el abuso que el espíritu practica con la materia, con la creación. Pero ese abuso se basa justamente en el hecho de que se coloca la causa por encima de la persona. De ese modo, el espíritu adquiere la fría objetividad de la causa y se vuelve cruel: justamente si el espíritu se subordina a la materia la violenta, porque se destruye el orden interior de la realidad. Hay suficientes ejemplos de que, hoy en día, el espíritu es puesto al servicio de la materia y de que, con ello, ambas dimensiones se perturban y destruyen. Basta pensar en el negocio de la propaganda, donde se recurre a una desmesura de cálculo intelectual, de inversión en inteligencia e ideas, a fin de arrastrar al hombre a la mera materialidad. O pensemos en las inversiones técnicas, que utilizan de igual modo el espíritu en sus formas más adelantadas a fin de forzar al hombre a introducirse totalmente en el entorno de la materia. Lo mismo experimentamos en la estructura entera de nuestro mundo orientada hacia el consumo: las mercancías que producimos se enseñorean del ser humano. El hombre se torna en servidor de la máquina. La materia domina sobre él y lo violenta. De esa manera, el siglo XX se ha convertido en el siglo de las grandes tragedias morales y materiales para el hombre.

Por eso es tan importante confesar en su integridad el mensaje de la resurrección de Jesús. Pues cuando se deja fuera de esta el cuerpo, la materia, ello significa que tácitamente mantenemos para siempre separados espíritu y materia, que consideramos no redimible a la materia, que la excluimos del ámbito y del poder de Dios. Confesar la fe en la superioridad del espíritu y de Dios sobre la materia como se encuentra en la fe en la resurrección significa justamente lo contrario de degradar la materia y el cuerpo y les asegura, en cambio, su dignidad definitiva, su capacidad de salvación, su pertenencia a la unidad e integridad de la creación de Dios.

Así, la fe en la resurrección es la negativa más radical y más dramática a toda forma de materialismo. Sin embargo, antes de señalar el materialismo marxista, deberíamos tener claro que ese materialismo y los ideales que al fin y al cabo persigue solo tienen oportunidades de prosperar en la medida en que nosotros mismos vivimos en un materialismo del consumo y del disfrute, con su vacío de ideas, en la medida en que adoramos la materia y, justamente así, la destruimos y violamos. El Resucitado debería devolvernos nuevamente de tales materialismos a la libertad del espíritu, que también dignifica y engrandece la materia.

Por último, la resurrección de Jesucristo es la confesión de la precedencia del amor y de la vida respecto de las estrategias de la lucha de clases y de una concienciación que apunta a suscitar la envidia. Se trata de estrategias de muerte. Pero Jesucristo no murió contra alguien sino por todos. Su sangre no reclama sangre, sino reconciliación y amor, el fin de la enemistad y del odio. Su resurrección es la verdad personificada de la frase que dice: el amor es más fuerte que la muerte.

Por eso es en definitiva irrelevante quién es históricamente culpable de la muerte de Jesús. La cristiandad ha sabido siempre que esa no es cuestión alguna, puesto que la sangre de Jesucristo, como dice la Carta a los hebreos (12,24), clama de manera diferente que la sangre de Abel, a saber: clama perdón, reconciliación y amor.

Partiendo de esa misma realidad, el Santo Padre [Juan Pablo II] dijo de forma muy enérgica en su encíclica sobre el Redentor del hombre: la Iglesia no dispone de otras armas que no sean las de la palabra y del amor. Por eso no puede dejar de anunciar: ¡no matéis![7] Esta es la llamada que la Pascua coloca entre nosotros. Ese mensaje nos dice, al mismo tiempo: no os convirtáis en estrategas de la violencia, sino en servidores del amor en la fe en el Resucitado, que en medio de la impotencia del bien es para nosotros la certeza de que el amor representa la fuerza verdadera y definitiva del mundo.

En el Evangelio de la Vigilia Pascual se nos dice que, después del encuentro con los ángeles, las mujeres echaron a correr impulsadas por el miedo pero, a la vez, por la alegría, a fin de transmitir el mensaje. El cristianismo no es un asunto del aburrimiento y de lo secundario. Quien se ve alcanzado por este mensaje tiene que correr, se ve movido por él, porque es importante que dicho mensaje siga difundiéndose antes de que sea demasiado tarde. Los mismos apóstoles se lanzaron, por decirlo así, a una carrera por el mundo a fin de llevar todavía a sus coetáneos el mensaje de la victoria de la vida, de la resurrección del Señor, hasta los confines del mundo conocido. Los discípulos de Jesús dormían en el Huerto de los Olivos, pero nosotros dormimos en medio del día de Pascua y no atinamos a ver lo esencial. En esta hora deberíamos dejar que nuestro corazón sea alcanzado por la magnitud del mensaje pascual a fin de que también nosotros nos pongamos en marcha para llevar a otros su luz antes de que sea demasiado tarde, antes de que la muerte recoja su atroz cosecha, de modo que, alcanzados por la alegría de este día, lleguemos a ser nosotros mismos evangelistas, mensajeros de la alegría de Jesucristo.

Juicio y salvación

La liturgia pascual de la Iglesia nos permite sentir todavía algo de la alegría directamente revolucionaria con que los hombres recibieron una y otra vez a lo largo de los siglos el mensaje de que Cristo ha resucitado. En antiguas historias leemos cómo los fieles en Rusia se abrazaban en la noche de Pascua con esta confesión de fe. En las privaciones de la Cuaresma habían renunciado a un trozo de vida; el fin de la Cuaresma y sus privaciones era para ellos experimentalmente el estallido de una gran alegría: que la vida ha triunfado y que es hermosa podía reconocerse de una forma directamente palpable en esa vivencia pautada por el ritmo del año litúrgico.

Si bien hoy seguimos celebrando la Pascua, el velo gris de la duda y de su falta de alegría se ha extendido ampliamente sobre toda la cristiandad. Hasta en medio mismo de la comunidad de los fieles se experimenta una parálisis de la alegría pascual. Rudolf Bultmann expresó de forma muy drástica la angustia de la cristiandad moderna. Él no podía imaginarse que realmente le hubiese sucedido algo a Jesús después de muerto. Pero agregaba: aunque algo hubiese sucedido, ¿qué podría significar ese hecho? ¿A quién podría resultar útil «el milagro de un cadáver vuelto a la vida» –así lo formulaba–? En una expresión menos erudita, la pregunta reza: ¿qué significa *un* resucitado frente a las legiones de muertos a lo largo de la historia universal? Ante todos los horrores de esa historia, la luz pascual parece achicarse hasta la insignificancia.

¿Ha sido superada, por tanto, la Pascua? ¿Se ha vuelto una palabra sin esperanza? Para reconocer el verdadero rango del día de Pascua tenemos que comenzar preguntando al revés: ¿qué pasaría si realmente la Pascua, la resurrección de Jesús, no hubiese sucedido? ¿Habría solamente *un* muerto más, lo que, para las cifras de la historia universal, no significaría mucho? ¿O el asunto tendría un calado más profundo? Pues, si no hubiese resurrección, la historia de Jesús terminaría con el Viernes Santo. Él se hubiese corrompido y convertido en una vida que ya pasó. Pero eso significaría que Dios no interviene en la historia, que o bien no está en condiciones o bien no tiene voluntad de llegar hasta este mundo nuestro, hasta nuestra vida y nuestra muerte humanas. Y eso significaría a su vez que el amor es inútil, nulo: una promesa vacía y vana. Significaría que no hay juicio y que tampoco hay justicia. Significaría que lo único que cuenta es el momento y que los pícaros, los astutos, los que carecen de conciencia, tienen razón.

No habría juicio: por supuesto, esto mismo es el deseo de muchos –y no solo de malas personas, en absoluto–, porque confunden juicio con cálculo mezquino y dan más razón al miedo que al amor confiado. A partir de allí se explica el empeño apasionado que se pone en eliminar el Domingo de Pascua de la historia, en remontarse más atrás de él y detener la historia en el Viernes Santo. Pero lo que surge con esa huida no es salvación sino la triste alegría de quienes consideran que la justicia de Dios es peligrosa y, por tanto, desean que no exista. Sin embargo, de ese modo se hace visible el significado de la Pascua: Dios ha actuado. La historia no deriva hacia la indiferencia. El derecho, el amor y la verdad son realidades, la verdadera y propia realidad. Dios nos ama, él viene hacia nosotros. Cuanto más andamos por sus caminos y vivimos según ellos, cuanto menos necesario es que tengamos temor del derecho y la verdad, tanto más se llenará nuestro corazón de la alegría pascual. La Pascua no es solo una historia para contar: es una orientación. No es el relato de un milagro acontecido hace muchísimo tiempo: es una eclosión en que se ha decidido el sentido de toda la historia. Quien lo capta puede pronunciar hoy con alegría sin mengua el saludo pascual: ¡Cristo ha resucitado! ¡Sí, verdaderamente ha resucitado!

«Levantaos, puertas antiquísimas»
(Sal 24,7)

De alguna manera, el mensaje de la resurrección de Cristo parece sobreexigirnos un esfuerzo de imaginación. Ni con mucho puede penetrar tan de inmediato en nuestro corazón como el mensaje de Navidad. El nacimiento forma parte del ámbito de nuestras experiencias y conlleva siempre en sí mismo algo de esperanza y de alegría. De ese modo, la historia del Hijo de Dios que nació en el establo como niño humano puede captar de manera inmediata nuestro corazón y significar algo incluso para aquellos que no creen en la divinidad del niño. Pero la resurrección queda fuera del ámbito de nuestra experiencia: solo conocemos una vida que supone a la vez morir. Ha sido Rudolf Bultmann quien vertiera con mayor claridad este desvalimiento nuestro ante el mensaje de Pascua, cuando dijo: incluso si algo así hubiese sucedido, ¿qué significaría para nosotros el milagro de un cadáver vuelto a la vida?

La pregunta es esta: ¿es la Resurrección de Jesús solo un extraño milagro que, después de haber sucedido, no cambia nada en la constitución del hombre mismo? La liturgia de la Iglesia procura ayudarnos a dar respuesta a esta pregunta al traducir lo incomprensible a imágenes y representaciones que nos resultan conocidas o que, por lo menos, ofrecen puntos de contacto que orientan nuestro corazón hacia la fe pascual. La liturgia trabaja con símbolos como luz y agua, pero sobre todo toma elementos del gran acervo del dolor, de la oración, de la duda, de la lucha y de la esperanza del hombre contenido en el Antiguo Testamento.

De la multitud de frases bíblicas con que la liturgia ilumina desde los tiempos más remotos el misterio de la Pascua escojo solo una, que al mismo tiempo conecta Navidad y Pascua y hace visible la unidad interna del cristianismo. Dicha frase se encuentra en el salmo 24 (23), y dice: «Alzad, puertas, vuestros dinteles, elevaos puertas antiquísimas, para que entre el rey de la gloria» (v. 7). Nuestro cántico de adviento «Macht hoch die Tür» [«Levantad la puerta»][8] ha sido desarrollado a partir de esa frase del salmo. Originalmente, todo el salmo formaba parte de una liturgia de la puerta, una liturgia de la entrada y de las puertas. Se lo cantaba durante la entrada solemne del Arca en el templo. En efecto, se quería invitar a Dios a habitar en esa casa, a establecerse entre los hombres, a convertirse en su vecino y convecino. Él debía entrar en una casa de hombres, convertirla de ese modo en casa de Dios y transformar así el mundo de los hombres en mundo de Dios. Al mismo tiempo se sentía qué poco evidente es, más aún, qué imposible tiene que parecer semejante iniciativa: no hay casa humana suficientemente grande como para dar cabida a Dios. Él supera las medidas de nuestros ambientes humanos: ¿adónde y cómo podría entrar?

El mundo de los hombres no tiene puertas hacia Dios, así parece. Está encerrado en sí mismo. Es una cárcel, una casa de muertos. Los hombres del Antiguo Testamento y de otras culturas de la remota Antigüedad aplicaban la idea de la prisión ante todo al mundo de los muertos: el que muere no regresa. Se representaba así el averno como una enorme y oscura cárcel en la que gobernaba como implacable tirano la muerte. Era una casa sin retorno. Pero cada vez más se fue suscitando el sentimiento de que, si nuestro común camino conduce a la cárcel, una cárcel solo con entradas, sin ninguna salida, entonces todos somos presos, entonces ya este mundo es una casa mortuoria, la antesala de una terrible mazmorra. Y, realmente, si la muerte tiene la última palabra, el mundo es la sala de espera de la nada. Los poetas del siglo XX han descrito esta sensación en visiones horrorosas. Pero el que más hondo descendió a ese abismo de angustia fue el poeta judío Franz Kafka, que en la representación del mundo administrado totalitariamente interpretó simultáneamente la misma vida humana. En *El castillo*, la vida se presenta como una espera inútil, como un intento sin posibilidades de éxito de avanzar a través del caos de la burocracia para llegar hasta el responsable competente, hasta el liberador. En *El proceso* se representa la vida misma como un proceso que termina en una ejecución. La historia concluye con el símil de un hombre que espera toda su vida delante de una puerta y no puede entrar por ella a pesar de que ha sido creada expresamente para él.

Si Cristo no resucitó, no queda más que esto que decir sobre el ser humano. Todo lo demás no es más que anestesia, aturdimiento. El grito de desesperación y los crueles intentos de liberación que experimentamos son el resultado necesario de un mundo que no quiere aceptar a Cristo, su esperanza.

«Alzad, puertas, vuestros dinteles»: este salmo no es solo una representación litúrgica, una liturgia de la puerta celebrada en tiempos pretéritos. Es el grito del hombre en un mundo que sigue siendo demasiado estrecho a pesar de que se puede viajar con naves espaciales hasta la luna y más allá. La Navidad es solo la primera mitad de la respuesta cristiana a este grito. Navidad dice: no solo existe la muerte tirana, sino que también existe Dios, que es la vida, y este Dios puede y quiere llegar hasta nosotros. Él se ha abierto camino hacia nuestro interior rompiendo todo impedimento. Ha encontrado la puerta, una puerta suficientemente alta para él, o mejor dicho, ha creado esa puerta. Pero la respuesta solo será completa si existe también una salida para nosotros, y no solo una entrada para Dios hacia nosotros. Solo será satisfactoria si la muerte ya no es más una prisión sin retorno. Este es el contenido del mensaje pascual.

No solo hay una puerta que lleva hacia dentro: hay también una que lleva hacia fuera. La muerte ya no es una casa sin salida, una tierra sin retorno.

La Iglesia antigua vio en este versículo del salmo 24 la interpretación del artículo de fe que dice: «descendió a los infiernos». Este es para ella el artículo de fe del Sábado Santo. No es una palabra de tristeza sino de victoria. Y dio realce poético a esa palabra: los cerrojos de la mazmorra de la muerte, de la mazmorra del mundo, han sido arrancados, las fortificaciones desmanteladas, las puertas sacadas de sus goznes. Jesús, que lo ha hecho, toma de la mano a quienes desde hacía tanto tiempo estaban presos —Adán y Eva, es decir, la humanidad— y los lleva a la libertad. La vida ya no es la sala de espera de la nada sino el comienzo de la eternidad. El mundo no es el campo de concentración universal sino el jardín de la esperanza. La vida no es la búsqueda infructuosa de sentido cuya imagen serían los laberintos de la burocracia. Dios no es un burócrata: él no vive en un lejano palacio ni se esconde detrás de impenetrables antesalas. La puerta está abierta. Se llama Jesucristo.

Mostrarnos el resplandor de esa puerta: tal es el sentido de la fiesta de Pascua. Su llamada nos invita a seguir imperturbablemente ese resplandor, que no es un espejismo sino la irrupción del fulgor de la verdad salvadora.

El relato más antiguo de la resurrección del Señor que se ha conservado se encuentra en el capítulo 15 de la Primera carta que san Pablo dirigió a los corintios. Los estudiosos datan esa carta en la primavera del año 55 o 56. Pero el relato de la resurrección es más antiguo: Pablo vincula con insistencia a los corintios, que querían fabricarse su propia imagen del cristianismo, a las palabras del Credo transmitidas por la tradición, cita para ello al pie de la letra el texto al que él mismo se había vinculado al entrar en la comunidad cristiana. Cuándo y cómo surgió más precisamente este texto es objeto de controversia. Unos creen poder reconstruir detrás de él un original arameo y sitúan el texto en la comunidad cristiana de Jerusalén de los años treinta, de habla aramea; otros creen que fue formulada en Antioquía a comienzos de los años cuarenta.

Independientemente de cómo haya sido realmente, en esas palabras, al igual que en los discursos de los Hechos de los apóstoles, se oye el lenguaje de los comienzos, el lenguaje de aquellos que eran personalmente testigos de los acontecimientos y podían a su vez nombrar testigos. En esas palabras notamos algo de la obligación de fidelidad bajo la que se sabían colocados los heraldos del mensaje de Jesucristo. También Pablo, que tanto énfasis pone en su independencia de los primeros apóstoles y su propio encuentro con el Señor como fuente de su anuncio, no construye su propio cristianismo, sino que se vincula incluso textualmente a la profesión de fe común, puesto que hay dos bienes decisivos de la fe que lo exigen: solo de ese modo se garantiza la unidad de la Iglesia en el espacio y en el tiempo, y solo así se asegura también la verdad de lo atestiguado, que descansa en la fidelidad de lo transmitido por la tradición. Justamente en la estructura lingüística de la Primera carta a los corintios, en la palpable diferencia que existe entre la palabra transmitida y el propio lenguaje de Pablo, se puede constatar lo que la Segunda carta de Pedro dice acerca del origen del cristianismo: no hemos seguido mitos sutiles sino que nos confiamos a los testigos oculares que vieron el gran poder de Dios (véase 2 Pe 1,16).

La fe en el Resucitado es fe en un acontecimiento realmente ocurrido. También hoy sigue en pie que el cristianismo no es leyenda y poesía, mera apelación o consuelo vano e infundado: la fe se apoya en el basamento firme de realidades ocurridas: en las palabras de la Escritura podemos casi tocar todavía hoy las llagas transfiguradas del Señor y decir con gratitud y alegría, como Tomás: «Señor mío y Dios mío» (Jn 20,28).

Por supuesto, en este punto se plantea una y otra vez una pregunta. No todos han visto a Jesús, el Resucitado. ¿Por qué no? ¿Por qué no se dirigió triunfal a los fariseos y a Pilato para mostrarles que vive y para dejar que precisamente ellos tocaran sus llagas? Al preguntar de ese modo olvidamos que Jesús no era un muerto que había regresado, como Lázaro o el muchacho de Naín, que habían tenido la posibilidad de volver a su vida biológica anterior, vida que después, en algún momento, habría de terminar ineludible y definitivamente con la muerte. Lo sucedido con Jesús era diferente: él no regresó a la vida anterior sino que entró en la vida nueva, en la definitiva, que ya no está sometida a la ley de muerte de la naturaleza, sino que se encuentra en la libertad de Dios y, por eso, es definitiva. Eso significa que tal vida no pertenece más al ámbito de la física y de la biología, aun cuando haya asumido en sí de una manera superior la materia y la naturaleza. Por eso, esa vida no está más en el ámbito de lo que nuestros sentidos de por sí pueden tocar y contemplar. Al Resucitado no se lo ve como un trozo de madera o de piedra. Solo lo ve aquel a quien Él se revela. Y Él solo se revela a aquel a quien quiere enviar. No se revela a la curiosidad sino al amor. El amor es el órgano indispensable para un ver y captar semejantes.

Lo dicho no significa que el interpelado por el Señor tenga que ser desde ya un creyente. Pablo no lo era. Tomás tampoco. Ni los once lo eran, pues estaban sumidos en la duda y la tristeza. Para ellos solo existía la victoria de Jesús con la erección del reino mesiánico o, en caso contrario, su fin. La resurrección, como se les revelaba ahora, no se correspondía con lo que podían imaginarse o con lo que esperaban. No es una fe precedente la que hace posible la visión de la resurrección: es la misma realidad del Resucitado la que crea fe allí donde hay incredulidad o insuficiencia de fe. Pero lo que el Señor presupone como condición es una disposición del corazón para esperar, una disposición que está abierta a dejarse poner por él a su servicio. La visión no debe permanecer como tal: debe convertirse en amor y en testimonio.

Y hay más cosas importantes: como aparece de la forma más nítida en la historia de Emaús y en María Magdalena, Jesús se manifiesta «yendo de camino». Nos llama a caminar con Él. La resurrección no es una respuesta a la curiosidad sino un envío: quiere transformar el mundo. Quiere una alegría activa, la alegría de quien recorre también él mismo el camino del Resucitado. Y eso rige asimismo en la actualidad: solo caminando con él se manifiesta el Señor. La primera frase del ángel a las mujeres reza: no está aquí, Él os precede; allí lo veréis (Mc 16,6s). Con ello se ha descrito para siempre el lugar del Resucitado y la forma de encontrarlo: Él os precede. Él está presente precediéndonos. En su seguimiento podemos verlo.

POR LA NOCHE LLANTO,
A LA AURORA ALEGRÍA

La Iglesia ha subrayado desde los tiempos más antiguos sus grandes fiestas no limitándolas a un solo día sino agregándoles una octava. Esas fiestas tienen un eco que resuena a lo largo de toda una semana y se reeditan una vez más al octavo día. Los siete días con el añadido del octavo son un símbolo de la totalidad del tiempo y de su trascendencia hacia la eternidad. Con el lapso de la semana, la fiesta abarca la medida fundamental de la vida humana y se presenta así como resplandor anticipado de la libertad del Eterno, como signo de esperanza y de paz en medio de las fatigas y penas de los días terrenos. El que la Pascua sea la fiesta de las fiestas, el fundamento interior de la celebración y de la alegría hablando en términos absolutos, la Iglesia ha intentado convertirlo en una vivencia prolongando la octava de Pascua por siete veces siete días: la fiesta de Pentecostés, celebrada en el quincuagésimo día después de Pascua, no es, pues, propiamente una fiesta del todo nueva. Antes bien, redondea el círculo de los siete veces siete días, que señalan la salida de la esclavitud del tiempo a la alegría ilimitada de los Hijos de Dios, para la cual ya no cuentan las horas.

Estos 50 días de alegría responden a los 40 días de trabajo penoso y de preparación con que la Iglesia conduce hacia la Pascua. En el lenguaje de los signos de los antiguos, el 40 era el número del tiempo mundano: es la potenciación del cuatro, que recuerda los cuatro confines de la tierra y, de ese modo, lo roto, limitado, no terminado, trabajoso de todo lo terreno. Los 40 se dirigen hacia los 50, lo roto a lo íntegro. La resurrección del Señor es el eje entre ambos. Ya con esta sola disposición temporal la Iglesia ofrece una profunda interpretación anímica de lo que significa la Pascua, de cómo podemos y debemos celebrarla. En efecto, todas estas simbologías no son divertimentos litúrgicos sino traducciones del misterio a nuestra vida, apropiación de lo único e irrepetible a lo siempre nuevo de la existencia humana.

Qué significado tiene esta realidad y adónde quiere conducirnos quisiera explicarlo desde una frase tomada de los salmos que desempeña un papel importante en la liturgia de la Semana Santa. En el salmo 30 (29), el orante confiesa con gratitud su experiencia con Dios: «Su ira es de un instante, su favor, de por vida, si por la noche llanto, a la aurora alegría». Para los cristianos, que leían esto el Sábado Santo, la palabra bíblica adquiría un contenido de realidad completamente nuevo. Por la noche llanto, por la mañana alegría: frente a ellos estaba el Viernes Santo, la madre dolorosa con el hijo muerto en el regazo. Pero a esa imagen vespertina, a ese ocaso de la historia, responde la imagen matutina: «El Señor ha resucitado y os precede a Galilea».

De ese modo se entiende ahora también la otra frase del versículo del salmo: su ira es de un instante, su favor, de por vida. Al momento oscuro de la cruz sigue la vida perdurable, al instante sigue la eternidad. A los 40 días responden los 50, a lo roto lo íntegro, al momento lo perdurable e indestructible, a las lágrimas de la imagen vespertina la mañana de la vida plena.

Quienes leían meditativamente la Sagrada Escritura encontraban en Pablo esta experiencia traducida en la confesión de la esperanza cristiana: «Yo tengo para mí que los sufrimientos del tiempo presente no merecen compararse con la gloria venidera» (Rom 8,18). Esa certeza hizo que el centro de gravedad de la existencia se desplazara: ahora estaba en la mañana de la vida, que quitaba al instante y a su pesantez el carácter de pesada carga, y que resolvía el llanto de la noche con la fuerza del favor divino, que dura de por vida. Esto es justamente lo que quiere regalarnos la fe pascual: que nuestra mirada pase de la noche a la aurora, de la parte al todo, y que, de ese modo, vayamos de camino hacia la alegría de los redimidos, esa alegría que proviene de la aurora del tercer día, al que le fue anunciado el mensaje de que Cristo ha resucitado.

«Escucho, sí, el mensaje...»

El poema titulado «ostern» [«pascua»], de Reiner Kunze, expresa por cierto con gran precisión lo que siente nuestro tiempo frente al mensaje de la Pascua:

Repicaban las campanas
cual si dieran tumbos de alegría
por la tumba vacía

porque, una vez,
se dio algo tan consolador,

y porque el asombro perdura
desde hace dos mil años.

Pero, aunque las campanas
martilleaban con tanta vehemencia contra la medianoche,
ni un fragmento se desprendió de su tiniebla.

(Reiner Kunze, *ostern*, en *eines jeden einzigen leben.*
Gedichte, S. Fischer Verlag, Frankfurt del Meno,
1986, 56.)

Meditando sobre estas palabras me vino a la mente que, en realidad, ya el Fausto de Goethe había dicho lo mismo en otro lenguaje. En el momento de la desesperación por la miseria de la condición humana, por la imposibilidad de acercarse a lo divino, Fausto quiere poner fin a su vida. Lo contradictorio de la existencia humana se le hace insoportable: he ahí el anhelo por el Infinito, el Supremo, un anhelo que no podemos sacudirnos y que coincide con la imposibilidad de salir de los límites de nuestro conocimiento y ver qué existe realmente, ver si hay un para qué de nuestra existencia. El mismo Fausto experimentará más tarde que su asistente Wagner logra producir seres humanos en la retorta. Pero esa ampliación del poder humano no puede refutar sino solo potenciar la desesperación sobre la oscuridad de nuestra existencia. Pues un poder ciego es más terrible aún y, sobre todo, más peligroso que la ceguera en la impotencia. Así, este Fausto representa al hombre moderno, que primero, al inicio de la Edad Moderna, se experimenta de igual condición que la divinidad y cree poder tomar de nuevo en sus manos la creación del mundo y hacerla mejor que Dios, para precipitarse después en la desesperación de quien solo es un gusano y hurga en el polvo. Por eso, la eliminación del hombre parece ser la mejor solución, y Fausto la asume simbólicamente en sus propias manos en cuanto busca la ebriedad de la poción venenosa: ya que no puede derrotar a la muerte, quiere hacerla por lo menos por sí mismo.

En ese momento en que, desesperado, Fausto se apresta a la salvación mediante la muerte procurada por sí mismo, resuenan las campanas de Pascua, resuena el mensaje: Cristo ha resucitado. Al oírse este mensaje se suscita en él justamente lo descrito por Kunze: la alegría de que, una vez, se haya dado algo tan consolador, y de que el asombro perdure durante dos mil años. Por supuesto: tampoco Fausto está en condiciones de creer en el mensaje. Pero, ¿diría también él *«ni un fragmento se desprendió de su tiniebla»*? Él no cree, mas el recuerdo del asombro conmueve su alma; el recuerdo de lo que, una vez, era fe, lo devuelve al ánimo de la existencia. ¿No se ha desprendido algún fragmento de tiniebla, a pesar de todo? ¿No se ha conservado incluso tras la pérdida de la fe un eco de la luminosidad que esa misma fe había suscitado? ¿No es acaso así que, también en la duda y en la incredulidad, el extraño mensaje de la tumba vacía deja tras de sí una secreta inquietud, una inquietud que nosotros negamos –porque somos hombres de espíritu ilustrado y sabemos que esas cosas no existen–, pero que, sin embargo, nos persigue? ¿No nos sucede como a los discípulos, que rechazaron la presunta charlatanería de las mujeres pero que, sin decirlo, ya no se sentían tan seguros de su sabiduría masculina? Los Padres designaron a la Iglesia como mujer, y tal vez ya Juan viera en María Magdalena, la primera en ver al Resucitado, una imagen de la misma Iglesia. Ella viene también hoy con la simpleza vidente de su corazón a nuestro mundo totalmente objetivo y le dice lo que no parece adecuársele en lo más mínimo: Cristo ha resucitado. Y, de alguna manera, nadie puede ya pasar completamente por alto este mensaje. Es que podría ser verdadero... ¿Quién podría excluirlo, desde que la ciencia más reciente nos enseña que, en realidad, todo es posible y, por otro lado, nada es realmente seguro y fiable?

¿Qué hemos de hacer en una situación semejante? ¿*Cómo* hemos de celebrar la Pascua? La duda de todas las certezas, que ya no puede considerar nada como imposible, pero justamente tampoco puede considerar nada seguro como de manera definitiva, no nos saca de la desesperación de Fausto. Solo le arrebata todavía todo su patetismo. Ciertamente ya es algo bueno que se desplomen los muros de las solidísimas certezas con que el espíritu de la Edad Moderna había querido rodear de forma definitiva el mundo y al hombre. Pero el escepticismo no es una base para la vida. «No se juega con el propio destino a los dados de una hipótesis», dijo en una ocasión George Bernanos a fin de ilustrar con ello la tragedia de un teólogo para quien la hipótesis se había convertido en la única fuente de análisis. ¿Cómo podemos acercarnos a la fe pascual, cómo podemos aproximar a nosotros el mensaje, cómo aproximarnos a él, de modo que se desprenda algún fragmento de tiniebla y que aprendamos de nuevo a vivir? Frente a esta pregunta tan movilizadora me viene a la memoria una frase del obispo y mártir Ignacio de Antioquía en su Carta a los romanos, donde escribe:

«El cristianismo no es obra de elocuencia persuasiva, sino verdadera grandeza» (3,3). No podemos ni tampoco debemos ser persuadidos por mera elocuencia a abrazar la fe. Pero, entonces, ¿cómo? ¿Cómo se llega a aquella grandeza, a esa fuerza de lo verdaderamente real del cristianismo a que se refiere Ignacio?

La respuesta de la Iglesia antigua era: hay que ponerse en camino, hay que tomar la palabra revelada como camino, introducirse con la propia vida en ella, a fin de llegar, a través de lo experimentado en la vida, a la experiencia de la realidad. Por esa razón se creó el catecumenado. Es decir, la fe no se anunciaba de forma puramente intelectual, como mera información, sino que se probaba y adquiría en un proceso gradual de introducción a la vida y de coparticipación de esa misma vida. Y es totalmente lógico: todo conocimiento requiere su propio método. El camino tiene que ser apropiado al modo peculiar de ser de aquello que se quiere conocer. En medicina no puedo limitarme a filosofar teóricamente. Si el arte del médico proviene del conocimiento y debe pasar del conocimiento al poder y el saber hacer, exige el trato real con el enfermo y con la enfermedad. Y también ella exige más que la sola capacidad de manejar aparatos y leer mediciones analíticas. Requiere tener la mirada apta para ver a ese ser humano en el que no solo se da la perturbación de un proceso químico en que puedo influir y que puedo corregir por medio de otros procesos químicos. Es el hombre mismo quien padece: en el proceso químico se halla en juego él con toda su condición humana. Si dejo fuera al hombre viviente concreto, habré excluido al verdadero sujeto del acontecimiento. Este ejemplo muestra desde ya que un pensamiento que pretenda tomar las cosas en la mano, descomponerlas y dominarlas, no conduce a su objetivo: hay realidades que no se conocen por vía de dominación sino solo por vía de servicio, y aquí se trata justamente de las modalidades elevadas del conocimiento. Pues lo que podemos dominar está por debajo de nosotros. Un pensamiento que permaneciera en la descomposición y composición analíticas es por esencia materialista y solo alcanza hasta un determinado umbral. Así, más allá de descomponer y analizar, el médico necesita la entrega al ser humano en el que se pone de manifiesto lo propio de una enfermedad.

Con ello hemos pasado directamente y de forma inesperada de nuestro ejemplo al tema mismo, puesto que, en la fe en la resurrección, se trata de la enfermedad que nos inquieta, de la laceración interior de nuestra existencia por la muerte, y del Dios oculto que nos sale al encuentro justamente en la muerte y allí precisamente se nos da a conocer. Sin duda se está en un camino sin salida si se piensa que el mensaje de Pascua trata de manera exclusiva acerca del problema histórico-crítico de un hecho pasado que se ha hecho objeto de una afirmación. Tal enfoque podría dejarse a los historiadores, que se ocupan entonces de constatar si la afirmación es digna de crédito o no. Pero ¿cómo habrían de constatarlo? Ellos estaban tan ausentes de los acontecimientos como todos nosotros, y, al igual que nosotros, no pueden evocarlo ni tienen otras fuentes a disposición de las que están a nuestro alcance. La constatación de una u otra inconsistencia entre los diferentes relatos no alcanza para formular un juicio sobre los acontecimientos; el hecho de que una serie de testimonios independientes entre sí coincidan en lo sustancial tiene por cierto mucho más peso. Pero, naturalmente, tampoco ese hecho puede salvar la distancia de dos mil años. Por lo común se pide también ayuda a la imagen moderna del mundo, que afirma, supuestamente con seguridad, que no puede existir una resurrección real porque no conocemos un tipo semejante de desmaterialización o de transformación súbita de la materia. De modo que se deja el cuerpo muerto en la tumba, y lo que queda son un par de visiones más o menos subjetivas: la corrupción sigue teniendo la última palabra, y la resurrección se ha retirado a la condición de discurso idealista. En realidad, aquí se está exigiendo simplemente demasiado del método y se está errando en el enfoque. Quien reduce el mensaje de la Pascua a la pregunta por la historicidad de un acontecimiento ocurrido ya ha pasado ese mismo mensaje por alto, pues ¿cómo podría edificarse toda una vida, un presente y un futuro basándose sobre un acontecimiento ocurrido en el pasado, sobre un momento del pasado, ya sumergido, demasiado lejano para nosotros?

Lo que nos dice el mensaje de Pascua llega hasta una profundidad que no puede alcanzarse con un par de maniobras intelectuales. Lo excitante y nuevo es, como lo formula el teólogo Jean Corbon, de Beirut, que Dios no nos predica el Evangelio desde una posición de superioridad sino que nos lo dice apurando el cáliz de la muerte. Entonces, tampoco nosotros podemos escucharlo desde una posición de superioridad sino que tenemos que encontrarlo como Él nos salió al encuentro: con todo el realismo de nuestra existencia abandonada a la muerte. Escuchemos una vez más a Jean Corbon: «Si la llegada de Dios al hombre no descendiera hasta la muerte, sería una burla para el hombre. Y así es en todas las religiones e ideologías: como no pueden expulsar la muerte, apartan la mirada del hombre de ella». La «locura del misterio» de la cual habla san Pablo (1 Cor 1,17-25) «se encuentra, por el contrario, en entrar en la muerte». A ello se agrega otro aspecto al que Corbon también hace referencia. Todos los acontecimientos empíricos cesan: están vinculados a un determinado momento del transcurso de la historia y pasan, aun cuando cada uno de ellos deje una huella más o menos profunda en forma de historia. Pero el acontecimiento de la muerte escapa al decurso del morir y devenir. Es un agujero en el muro de la transitoriedad, un agujero que ahora está abierto. No se hunde sin más en el pasado. Si bien ha sucedido una vez en el pasado, esa vez –como dice la Carta a los hebreos– es «una vez para siempre», inaugura un «siempre». Lo acontecido permanece y nosotros tenemos que buscar el acceso a esa presencia permanente, a ese «siempre», a fin de poder reconocer también el «una vez», y no a la inversa.

¿Cómo se llega a esa presencia actual de lo pasado, a ese «siempre» de lo único e irrepetible, al hoy de la Pascua? Como primera regla fundamental podemos decir: en ese camino se necesitan testigos. Así ha sido desde el comienzo, forma parte de la estructura de este conocimiento. El Resucitado no se muestra a la masa en un gran espectáculo público. Ese no es en manera alguna el modo de captación que puede acercarnos a Él. Él se muestra a testigos que han recorrido junto a Él un tramo de su camino de muerte. Recorriendo el camino junto a ellos se puede encontrar la verdad. Ese camino tiene muchos grados y modos. Como ejemplo quisiera mencionar solamente un camino de conversión de nuestro tiempo, el de Tatiana Goricheva. Tatiana aprendió que la meta de la vida era destacarse, «ser más lista que los demás, más capaz, más fuerte [...] Pero nunca nadie me había dicho que lo supremo en la vida no consiste en alcanzar a otros y derrotarlos, sino en amar». En el encuentro gradual con Jesús, Tatiana reconoce esto desde dentro, hasta que un día, rezando el padrenuestro, se da en ella un nuevo nacimiento y en un conocimiento que revoluciona todo su ser percibe «no solo con mi ridículo entendimiento, sino con todo mi ser, que Él existe». Se trata de un conocimiento completamente real, de una experiencia, de experiencia perceptible y, por tanto, verificable –por supuesto, verificable no en la postura del espectador sino solo entrando en el experimento de la vida con Dios–.

Este era precisamente el sentido del catecumenado con el que la Iglesia antigua introducía al hombre en contacto con el Resucitado: llevado por testigos, absorber paso a paso la experiencia del camino de Jesús, de la vida con él y, de ese modo, de la vida con Dios. Gregorio de Nisa lo expresó de forma grandiosa en la interpretación del misterioso texto según el cual Moisés no podía ver el rostro de Dios pero sí su espalda. Dice Gregorio al respecto: «A quien le preguntaba acerca de la vida eterna respondió el Señor: "Ven y sígueme" (Lc 18,22). Pero quien sigue ve la espalda de aquel a quien sigue. Y así, a Moisés, que exige ver a Dios, se le enseña cómo se puede ver a Dios: seguir a Dios a donde Él conduzca, eso es ver a Dios».

A ese camino invitan las campanas de Pascua. Una y otra vez, su repique encontrará al ser humano en medio de la noche. Pero donde llegan a tocar el corazón, la noche cede paso a la aurora, algo de tiniebla se desprende, y se hace de día. También hoy. En esa promesa estriba la alegría de la Pascua.

MES DE MARÍA

Piedad con color y sonido

La mención del Mes de María suscita en mí, como en la mayoría de los cristianos católicos, muchos recuerdos. Tengo ante mí la iglesia adornada, invadida por el perfume de las flores de primavera; también las luces y candelas forman parte de la vivencia, así como los cantos, en los que resuenan calidez, cordialidad y confianza. No imperan aquí las estrictas leyes formales de la liturgia, sino la piedad sencilla del pueblo, que ama el color, el sonido y las emociones fuertes. La atmósfera de primavera se traslada al ámbito de la iglesia; el florecer de la naturaleza, el aire tibio de los atardeceres de mayo,[9] la alegría de la gente en un mundo que se renueva... todo ello forma parte de la vivencia. En esa atmósfera tan especial tiene su lugar el culto a María, porque ella, la Virgen, representa la fe como juventud, como el nuevo comienzo de Dios en un mundo envejecido; representa el ser cristiano como juventud del corazón, como belleza y como disposición expectante ante lo que habrá de venir.

Por supuesto, podrá decirse que todo esto es sentimentalismo, pero tal vez nuestro mundo sufre por el contrario de una violenta represión del sentimiento, no solo de una incapacidad de duelo sino también de una incapacidad de alegría. Tal represión del sentimiento lleva a la frialdad mental y al enrudecimiento del corazón. Otra objeción afirma que en este tipo de culto entran nuevamente en lo cristiano elementos paganos, que en él se practica propiamente religión natural, el culto a la primavera, que se resume en la figura de la mujer joven, a la que ahora se ha dado el nombre de María. Según se afirma, todo ello es una cristianización muy superficial y exterior, y en realidad no acontece en ello nada diferente de lo que sucede en el culto de Artemisa o en el de Diana: el eterno culto de la belleza matinal de la mujer virgen, que, bajo diferentes nombres, sigue siendo siempre lo mismo: en definitiva, un culto de la madre tierra y de su fecundidad.

Me parece que aquí hay que considerar las cosas justamente desde el lado contrario. En María, la tierra ha adquirido un rostro humano, más aún: un rostro cristiano, el rostro de la Madre de Jesús. Al volverse hacia María, la piedad natural se ve transformada en fe, en un encuentro con la historia que Dios hace con el hombre, una historia que en la vida de María da su verdadero fruto: la encarnación de Dios. De ese modo, puede decirse con tranquilidad que en María se reconcilian fe y piedad natural. Me parece que un temor mezquino ante lo pagano afecta negativamente y amenaza nuestra fe del mismo modo como lo hace el miedo a lo sentimental, que desde hace mucho tiempo se ha convertido en un complejo racionalista.

Por supuesto que hay realidades paganas que se oponen a Cristo y que someten al hombre en la figura del temor ante poderes inquietantes o de la adoración de criaturas. Pero *también* hay una piedad natural en que se expresa la verdadera naturaleza del hombre y se da respuesta a la naturaleza de la creación. Reprimir este tipo de religión natural significa pisotear el gesto de espera del corazón humano dirigido hacia Cristo y, con ello, cortar las raíces humanas de la fe.

Aquí deberíamos orientarnos una vez más por la perspectiva del cardenal Newman, que era también la de los Santos Padres. En las semejanzas entre el culto cristiano y el pagano, entre las ideas cristianas y las paganas, Newman ve, no una prueba de la dependencia del cristianismo de lo pagano, sino una indicación de que realmente el hombre ha esperado en su historia a Jesucristo y estaba preparado para él. Dice Newman en una ocasión: «El hecho de que el Evangelio se asemeje en ciertos puntos a las religiones precedentes es solo una prueba de que solo hay *un* Dios y de que no hay ningún otro fuera de él» (*Parochial and Plain Sermons* V, 170s).

La figura de María representa de manera especial la unidad entre Antiguo y Nuevo Testamento, pero ella conecta también la religión natural y la fe, y ello no habla en contra de la piedad mariana sino que es una de sus razones más importantes, porque corresponde justamente a la importancia histórica de la Madre del Señor. Como lo formularon los Padres, ella es la tierra cristiana, la tierra que ha dado como fruto a Cristo. A través de ella, la piedad natural se ordena ahora hacia un rostro, hacia una historia que desemboca en Cristo, y de ese modo es bautizada la piedad natural. Su verdad ha salido a la luz y puede florecer ahora con toda alegría en el jardín divino de la fe. En el ámbito de lo mariano la piedad natural puede desarrollarse sin temor, porque, al elevar la mirada hacia la Madre del Señor, se ha hecho totalmente cristiana. Así también, lo pagano, aun con todos los extravíos que lo desfiguran y ensucian, no ha desembocado sin más en el vacío: se puede decir que, ahora, Artemisa y Diana, Devaki y Kwannon, o como se llamen las correspondientes figuras del paganismo, han encontrado su nombre correcto, han sido purificados por él: la niebla de la espera ha cedido paso a la realidad de la historia.

Por lo demás, el falso temor ante lo pagano, que paraliza la fe cristiana, no solo ha estrangulado el sentimiento y cercenado la conexión entre la fe y la naturaleza, sino que sobre todo ha privado también a la mujer de su lugar propio en la estructura de lo cristiano. La emancipación, como es propagada hoy en día en el ámbito de las culturas técnicas, es un clamor por que las mujeres puedan por fin convertirse también en varones. Pero tal cosa no tiene nada de equiparación de derechos, sino que es la opresión definitiva de la mujer por parte de una civilización que, con la dominación exclusiva de la técnica, significa al mismo tiempo la opresión de la naturaleza y la opresión de la mujer –opresiones ambas estrechamente relacionadas entre sí–. Pero ambas hunden por cierto también sus raíces en un desarrollo de lo cristiano que, huyendo de lo pagano, ha desarrollado un paganismo poscristiano nuevo y mucho más peligroso.

El culto a María, a quien la fe trata con razón con el título de «Madre de Dios», es la respuesta correcta a tales estrecheces. Por todo lo dicho, ese culto es muy importante para una fe sana. En la celebración del mes de María, todas estas cosas no son objeto de reflexión sino que están simplemente ahí, con el instinto interior de la fe. Y justamente porque en ella la dote inamisible de la religión natural se ha hecho cristiana es por lo que ella tiene en sí un tanto de jovialidad, de calidez y de despreocupada confianza.

Detenerse a meditar, como María, para llegar a lo esencial

En nuestras reflexiones hemos partido hasta ahora de la forma que asume el culto mariano como se presenta en las celebraciones devocionales del Mes de María. El fundamento bíblico lo dimos por supuesto y se expresó de forma más indirecta. Al dedicarnos ahora a tratarlo directamente podemos obtener nuevas perspectivas y profundizar en las consideraciones hechas hasta el momento. En contra de la extendida opinión imperante, el testimonio bíblico sobre María es tan abundante que no puede agotarse solo con algunas palabras. Quisiera escoger de esa abundancia solo un punto de vista que guarda estrecha relación con las reflexiones anteriores.

Junto a Juan se conoce sobre todo a Lucas de entre los evangelistas como el intérprete del misterio mariano. Lucas pone de relieve un rasgo de la imagen de María que le resultaba importante y que, a partir de él, se hizo importante para la tradición cuando dice, en tres ocasiones, que María meditaba y conservaba la palabra en su corazón (1,29; 2,19; 2,51).

De ese modo se presenta a María ante todo como fuente de tradición. En su memoria se conserva la palabra; ella es así la testigo fiable de lo ocurrido. Pero la memoria requiere más que un registro meramente externo. Solo la participación interior hace posible la captación y retención de una palabra. Lo que no me toca tampoco entra en mi interior, sino que se diluye en la mezcla indiferenciada de los recuerdos generales y pierde su rostro peculiar. Pero, sobre todas las cosas, conservar y comprender forman una unidad. Lo que no he comprendido realmente tampoco puedo transmitirlo de forma correcta. Solo en la comprensión recibo en mí la realidad, y la comprensión está vinculada a su vez a cierta medida de identificación interior con lo comprendido. Por eso, la tradición no implica solo una memoria como la que se necesita para recordar números telefónicos, sino una memoria del corazón, en la que coloco algo de mí mismo. Participación y fidelidad no se contraponen sino que se condicionan mutuamente.

Ahora bien, María se presenta en Lucas como prototipo interior de la memoria de la Iglesia. Ella capta las cosas con espíritu atento y se ocupa con esas cosas en su interior. De ese modo «componía», dice Lucas, o «mantenía juntas» (2,19) las palabras, las «retenía constantemente» (2,51). María compara las palabras y los acontecimientos de la fe con las experiencias que va haciendo progresivamente en su vida, y conoce así la profundidad humana de lo particular. Y, de ese modo, lo particular se va conjugando poco a poco en un todo. Con ello, la fe se torna en comprensión, y puede de esta forma ser transmitida: ya no se reduce solo a palabra externa sino que está impregnada con la experiencia de la propia vida, es traducida a la dimensión de la vida humana y, con ello, se hace a su vez traducible a la vida de otros seres humanos. María se convierte de esa manera en una imagen de la misión de la Iglesia: ser morada de la palabra, protegerla y cobijarla en medio de la confusión de los tiempos, de algún modo conservarla al resguardo de la intemperie. Así, María aparece a la vez como interpretación de la parábola de la semilla que encuentra tierra fértil y fructifica al ciento por uno. Ella no es suelo superficial donde no hay lugar para raíces; no es terreno donde retozan los gorriones de la superficialidad, cuyo pico voraz se lo lleva todo; no está cubierta por las zarzas de la riqueza, que no permiten un nuevo crecimiento. Es un ser humano con profundidad. Deja que la palabra ahonde en su interior. De ese modo, el proceso de transformación fecunda se da en dos direcciones: ella empapa la palabra con su vida, le pone, por decirlo así, a disposición la savia y las fuerzas de esa vida; y, a la inversa, su vida se ve de ese modo entretejida, enriquecida y profundizada por la palabra. Ante todo, digiere de alguna manera la palabra, la transforma absorbiéndola en sí misma, pero de ese modo ella misma se ve absorbida y transformada con su propia vida en la palabra. Su vida misma se torna en palabra y se transforma en sentido. Esta es la forma en que acontece la tradición en la Iglesia, la forma en que se da en general el crecimiento, el crecimiento espiritual, la maduración del hombre y de la humanidad. Solo de ese modo pueden el hombre y la humanidad adquirir profundidad y madurez. Es decir, solo de ese modo puede darse progreso.

Con lo dicho hemos llegado de nuevo, desde un punto de partida totalmente diferente, a las mismas preguntas de antes. Por progreso entendemos hoy generalmente un incremento de la capacidad técnica y el crecimiento del producto nacional bruto. Se podría decir, con sencillez: por progreso entendemos la multiplicación de los bienes.

El psicoanalista Erich Fromm, muerto en 1980, radicalizó la contraposición entre «ser» y «tener», formulada anteriormente por Gabriel Marcel expresándola como alternativa «ser *o* tener». Fromm veía la enfermedad de nuestra civilización en que todo tenemos que transformarlo en una posesión material. Pero para que algo pueda llegar a ser tal posesión ha de ser convertida antes en algo muerto, porque solo puede poseerse algo muerto. Por eso, Fromm designó nuestra cultura, que es una civilización del tener, como una civilización de la necrofilia: como enamoramiento de lo muerto y de la muerte. Tal vez sus expresiones hayan sido demasiado radicales. Pero lo cierto es que un mero progreso del tener se transforma por lógica intrínseca en un progreso hacia la muerte. La rapidez del progreso solo puede tener en sí algo atemorizador. Un progreso en el tener al que no corresponda un progreso en el ser resulta mortí-fero. Ahora bien, solo podemos progresar en el ser a través de una profundización hacia el interior, a través de una contemplación en la que nos abrimos al sentido, lo interiorizamos y nos lo apropiamos y, así, nos transformamos nosotros mismos en él, adquirimos sentido. Una civilización sin contemplación no puede subsistir a la larga.

Esto significa con tanta mayor razón que una Iglesia sin contemplación no puede subsistir. En nuestro cristianismo occidental, activista, unilateralmente masculinizado, la palabra «contemplación» se escribe con caracteres cada vez más pequeños. La desaparición de la contemplación es en gran medida idéntica a la desaparición de lo mariano. Queremos justificar el cristianismo sobre todo mediante acciones. Pero donde se pisotea el ser, las acciones se convierten rápidamente en fechorías.

También en nuestra *teología* puede constatarse una tremenda carencia de profundidad contemplativa. En general, nuestra teología está muy alejada de la frase de Ignacio de Antioquía que dice: «Quien realmente posee la palabra de Jesús puede escuchar también su silencio..., de modo que actúe por su palabra y sea reconocido por su silencio» (Ef 15,12). Cuando la teología no escucha más el silencio de Jesús se hace cada vez menos capaz de captar la profundidad de su palabra. Con un método demasiado técnico, la teología está tentada de tratar la palabra como un bien muerto; entonces, difícilmente pueda escucharse al Señor que vive.

De ese modo vuelve a hacerse clara la necesaria función de lo mariano en la Iglesia frente a su pérdida progresiva: la Iglesia tiene que ser un ámbito de silencio, un lugar de la absorción meditativa y del silencio. Vive de la memoria del corazón, que penetra las cosas hacia su interior y, de ese modo, llega a comprenderlas. Solo de ese modo puede darse un verdadero progreso del ser humano, un progreso no solo en la posesión de bienes sino en la profundidad del ser. Justamente la Iglesia sirve al ser humano a través de este detenerse meditativo mariano, que no quiere producir continuamente para generar así éxitos mensurables. De esa manera, hace que la palabra de Dios penetre en el mundo, esa palabra que es el sentido sin el cual todos nuestros bienes se convertirían en un lastre mortífero.

ASCENSIÓN DEL SEÑOR
(Cuarenta días después de Pascua)

El comienzo de una nueva cercanía

En la historia de la Ascensión de Jesucristo el evangelista Lucas insertó una acotación que cada vez que he intentado explicarla teológicamente me ha sorprendido. En efecto, Lucas dice en su Evangelio que los discípulos estaban llenos de alegría cuando regresaron del Monte de los Olivos a Jerusalén. Este hecho no se corresponde del todo con nuestra psicología normal: la Ascensión del Señor era la última aparición del Resucitado; los discípulos sabían que ya no lo verían más en este mundo. Ciertamente, esta despedida no podía compararse con la del Viernes Santo pues, aquella vez, Jesús había fracasado ostensiblemente y todas las esperanzas previas debían de parecer un gran error. La despedida el día cuadragésimo después de la Resurrección tiene en comparación con la otra algo de triunfal y de certidumbre en la confianza: Jesús se va esta vez no a la muerte sino a la vida. No ha sido derrotado, sino que Dios le ha dado la razón. De ese modo, no cabe duda de que hay motivos para alegrarse. Pero aun cuando el entendimiento y la voluntad se alegren, los sentimientos no tienen por qué solidarizarse necesariamente con ellos. Incluso en medio de la comprensión acerca de la victoria de Jesús, los sentimientos podrían sufrir por la pérdida de su cercanía humana. Podría presentarse el temor del abandono, más aún con vistas a la inconmensurable tarea que los discípulos tenían por delante: salir hacia lo desconocido y dar testimonio de Jesús ante un mundo que solo podía ver en los discípulos a una gente algo desencajada procedente del país de los judíos.

Pero ahí están, inconmovibles, las palabras que nos relatan la gran alegría de los discípulos que regresaban a casa. Nunca podremos descifrar por completo esas palabras, como tampoco podemos entender la alegría de los mártires: el canto de un Maximiliano Kolbe en el calabozo de la inanición, la alegre alabanza pronunciada por Policarpo en la hoguera, y muchas cosas más. En los santos del amor al prójimo encontramos la misma gran alegría justamente en los momentos en que prestan a los enfermos y dolientes los servicios más difíciles –y, gracias a Dios, no se trata solo de historias del pasado–. Así pues, a partir de tales experiencias podemos barruntar cómo la alegría de la victoria de Cristo no llega solo al entendimiento sino que puede comunicarse también al corazón –y solo así surgir realmente–. Solamente cuando algo de esa alegría surge también en nosotros mismos, hemos entendido algo de la fiesta de la Ascensión del Señor. Lo que allí sucedió es la llegada de la perentoriedad de la salvación al corazón del hombre, de modo que el conocimiento se convierte en alegría.

Cómo puede haber sucedido en sus detalles, no lo sabemos. Con todo, la Sagrada Escritura nos da algunas referencias. Lucas, por ejemplo, nos narra que, en los cuarenta días subsiguientes a su resurrección, Jesús se mostró a los ojos de los discípulos, como también a sus oídos, en cuanto les explicó las cosas del Reino de Dios. Lucas agrega una tercera perspectiva, pues interpreta la vida que compartieron durante esos días utilizando una expresión peculiar, que algunas traducciones vierten como «comer en común», pero que literalmente dice que el Señor «comió sal con ellos». La sal era el don más precioso de la hospitalidad y, por tanto, expresión de la hospitalidad en sí misma. Por eso, más bien habría que traducir la expresión diciendo: los incorporó en su hospitalidad, una hospitalidad que no es un acontecimiento exterior, sino que significa participación en la propia vida. Mas la sal es también un símbolo de la Pasión: es un condimento y un medio de conservación que actúa contra la corrupción, contra la muerte. Pero más allá de lo que quiera decir esa misteriosa expresión, la intención es más o menos clara: Jesús hizo que los corazones y las mentes de sus discípulos sintieran el misterio. Ya no era más una mera idea, abarcaba todavía bastante poco en cuanto a conocimiento intelectual, pero los discípulos se habían visto tocados desde el núcleo de ese misterio hasta en su misma condición corporal. Ya no conocían a Jesús y su mensaje solamente desde fuera, sino que ese mensaje vivía en su mismo interior.

Pero hay una segunda indicación del evangelista que me parece importante. Dice Lucas que Jesús extendió las manos y los bendijo. Y mientras bendecía, desapareció. Su última imagen son las manos extendidas, el gesto de la bendición. El icono de la Ascensión del Oriente cristiano, que en su núcleo se remonta hasta los desarrollos más tempranos del arte cristiano, ha convertido esa escena en el verdadero centro del conjunto. Ascensión es gesto de bendición. Las manos de Cristo se han convertido en un techo que nos cubre y, al mismo tiempo, en fuerza de apertura, en la fuerza que abre la puerta del mundo hacia lo alto. En la bendición el Señor se va, pero también vale lo contrario: en la bendición permanece. Esta es a partir de entonces la forma de su relación con el mundo y con cada uno de nosotros: Él bendice, se ha convertido Él mismo en bendición para nosotros. Así pues, la palabra de Lucas podría ser tal vez la que mejor da acceso al centro del acontecimiento de la Ascensión y explica la extraña contradicción de una despedida que es toda alegría: el acontecimiento que los discípulos habían vivido había sido el de una bendición, y como bendecidos partían de allí, no como abandonados. Sabían que quedaban bendecidos para siempre y que, adondequiera que fuesen, se encontraban al amparo de manos que bendicen.

Vista de este modo, la indicación de san Lucas se coloca en la más inmediata cercanía de algunas frases de los discursos de despedida de Jesús que nos narra Juan. Ante todo llama desde ya la atención el papel que desempeña allí la referencia a la alegría. Por supuesto, los discípulos debían pasar antes por la experiencia de la tristeza; la experiencia de la privación, de la pérdida de comunión es necesaria para que pueda llegarse a la alegría. «No os dejaré huérfanos, vendré a vosotros», dice Jesús (Jn 14,18). Y con esa venida se está designando precisamente esa nueva experiencia de cercanía que Lucas describe con la palabra de la bendición. En efecto, a esa frase de los discursos de despedida corresponde la otra que dice: «Yo rogaré al Padre y él os dará otro Paráclito, que estará con vosotros para siempre» (Jn 14,16). La teología de la Iglesia oriental identificó la oración del Señor en la que Él pide el otro Paráclito con la bendición del día de la Ascensión: las manos que bendicen son también manos que piden, manos que oran. Están de continuo levantadas ante el Padre y le piden que no deje nunca más solos a los suyos, que el Consolador esté siempre con ellos desde su interior. Si leemos a Lucas y a Juan juntos, podemos decir: precisamente al contemplar las manos de Jesús en su gesto de bendición y de petición, los discípulos supieron que, entonces, se había verificado la frase de Jesús: «No os dejaré huérfanos, vendré a vosotros». Supieron que, a partir de entonces, regían sin lugar a dudas las palabras: «Yo estoy con vosotros todos los días hasta el final de los tiempos» (Mt 28,20). Supieron que, a partir de entonces, Cristo viene de continuo como bendición; que, por decirlo así, él come continuamente «sal» con ellos; que en todo sufrimiento serán siempre bendecidos.

Pero los textos litúrgicos de la Iglesia oriental destacan también otro aspecto del acontecimiento de la Ascensión. Dicen esos textos: «El Señor ha ascendido para levantar nuevamente la imagen caída de Adán y enviarnos el Espíritu para que santifique nuestras almas». En la Ascensión del Señor se trata también de la segunda parte del *Ecce homo*. Pilato mostró a Jesús vejado y maltratado a la multitud y, al hacerlo, hizo referencia al rostro profanado y pisoteado del hombre en general. «Aquí tenéis al hombre», dijo Pilato. El cine y el teatro de nuestros días nos presentan una y otra vez –en algunas ocasiones con compasión, a menudo de forma cínica y a veces con un placer masoquista ante el escarnio de sí mismo– al hombre humillado en todos los estadios del horror: aquí tenéis al hombre, nos dicen constantemente. La teoría de la evolución traza la línea hacia el pasado, nos muestra sus hallazgos, el barro del que surgió el hombre, y nos inculca: aquí tenéis el hombre. Así es: la imagen de Adán ha caído, yace en medio del lodo y sigue siendo enlodada. Pero la Ascensión de Jesucristo dice a los discípulos y nos dice a nosotros: el gesto de Pilato es solo la mitad de la verdad, y menos aún que eso. Cristo no es solo la «Cabeza ensangrentada y herida»,[10] es el Señor del mundo entero. Su señorío no significa que la tierra sea pisoteada, sino que se devuelve al mundo aquel brillo que habla de la belleza y del poder de Dios. Cristo levantó la imagen de Adán: ya no estáis más en el lodo; ahora os elevais más allá de todas las dimensiones cósmicas, hasta el corazón de Dios. La Ascensión del Señor es la rehabilitación del hombre: ya no es ser golpeado lo que humilla, sino golpear; no ser escupido, sino escupir; no es el escarnecido quien es deshonrado, sino el que escarnece; no es la soberbia la que levanta al hombre, sino la humildad; no es la pretensión autocrática la que lo engrandece, sino la comunión con Dios, de la que es capaz.

Por tanto, la Ascensión de Jesucristo no es un espectáculo montado para los discípulos sino un proceso en el que ellos mismos se ven introducidos. Es un *sursum corda*, un movimiento hacia lo alto en el que todos estamos llamados a participar. Ese movimiento nos dice que el hombre puede vivir orientado hacia lo alto, que es capaz de la altura. Más aún: la única altura adecuada a la medida de la condición humana es la misma altura de Dios. En esa altura puede vivir el hombre, y solo desde esa altura lo entendemos correctamente. La imagen del hombre ha sido elevada, pero tenemos la libertad de arrastrarla hacia abajo o de dejarnos elevar. No se comprende al hombre si solo se pregunta de dónde viene. Solamente se lo comprende si también se pregunta hacia dónde es capaz de ir. Solo desde su altura se ilumina realmente su esencia. Y únicamente si se percibe esa altura se suscita un respeto incondicional por el hombre que lo reverencia como sagrado también en sus degradaciones. Solo desde esa altura puede aprenderse a amar de verdad la condición humana en uno mismo y en los demás.

Por eso, la acusación no debe convertirse en la palabra más importante sobre el ser humano. Ciertamente también es necesaria la acusación a fin de que la culpa sea reconocida como tal y se distinga del ser correcto del hombre. Pero la acusación sola no basta: si se la aísla, se convierte en negación y, con ello, se torna ella misma una forma de deshonra del hombre.

Por eso, tampoco es correcto cuando actualmente se afirma a veces que la fe debe mantener despierta la memoria subversiva de la humanidad, una memoria que impide al hombre acomodarse a la injusticia en este mundo. La fe nos enseña una memoria, la memoria de la cruz y de la resurrección de Jesucristo. Pero esa memoria no es subversiva. Nos recuerda, por cierto, que la imagen de Adán está caída, pero nos recuerda sobre todo que esa imagen fue levantada de nuevo y que, aun como imagen caída, sigue siendo siempre la imagen de la criatura amada por Dios. La fe nos impide caer en la desmemoria, es verdad: despierta de nuevo en nosotros el verdadero recuerdo, la memoria sepultada de nuestro origen; nos recuerda que provenimos de Dios, y agrega un nuevo recuerdo que se expresa en la fiesta de la Ascensión del Señor: que el lugar verdadero y correcto de nuestra existencia es Dios mismo y que siempre debemos ver al hombre desde ese lugar. En ese sentido, la memoria de la fe es totalmente positiva: pone nuevamente al descubierto la medida fundamental del hombre, que es positiva, una medida cuyo conocimiento constituye una protección mucho más efectiva contra toda reducción del hombre que la mera memoria de las negaciones, que al final solo puede dejar tras de sí el desprecio por el hombre. La fuerza más efectiva contra la descomposición del ser humano se encuentra en la memoria de su grandeza, no en el recuerdo de sus deshonras. La Ascensión del Señor nos graba la memoria de la grandeza del hombre. Nos inmuniza contra el falso moralismo que hace despreciable al ser humano. Nos enseña el respeto y nos devuelve la alegría por el hombre.

Si se tiene en cuenta todo esto se refuta por sí misma la afirmación de que la Ascensión de Jesucristo es la canonización de una imagen superada del mundo. En ella se trata de las dimensiones de la condición humana, no de la estructura del universo en diferentes estratos. Se trata de Dios y del hombre, de la verdadera altura de la condición humana, no del lugar que ocupan las estrellas. No obstante, este reconocimiento no debe llevarnos a considerar el cristianismo como completamente ajeno al mundo y a hacer de la fe una pura cuestión de convicciones interiores. Sin duda existe también una relación recta y llena de sentido de la fe para con el mundo creado en su conjunto –por lo demás, una relación para la cual puede servir de orientación también la imagen antigua del mundo–. No es demasiado fácil de explicar, porque nuestra capacidad de representación se ha modificado a través de la utilización técnica del mundo. Tal vez pueda ofrecernos un acceso el recordar el tipo clásico del icono oriental de la Ascensión de Jesucristo. El hecho de que el escenario del acontecimiento de la Ascensión fuera el Monte de los Olivos se indica en este icono a través de la representación de algunas ramas de olivo que sobresalen de la silueta que separa el cielo de la tierra. Con ella se alude ante todo a la memoria de la noche de Getsemaní: el lugar de la angustia se convierte en lugar de la confianza cierta. En el mismo lugar en que se atravesó interiormente por el drama de la muerte y de la humillación del hombre se realiza su renovación. Justamente allí comienza su verdadero ascenso. Pero las hojas del olivo hablan también por sí mismas: expresan la bondad de la creación, la riqueza de sus dones, la unidad entre la creación y el hombre allí donde ambos se entienden desde su Creador. Son signos de paz. De ese modo, en el icono las hojas de olivo se convierten en signo de una liturgia cósmica. La historia de Jesucristo no es solo un acontecimiento que se da entre seres humanos en un mísero planeta sumergido en algún lugar en medio del silencio del universo. Esa historia abarca el cielo y la tierra, la realidad toda. Cuando celebramos liturgia no es una suerte de reunión familiar en la que nos damos mutuamente el apoyo de una comunidad reducida que podemos abarcar con la mirada. La liturgia cristiana posee dimensiones cósmicas: nos unimos al cántico de la creación y prestamos al mismo tiempo a la creación una voz.

Para terminar quisiera agregar todavía otro pensamiento, en este caso proveniente de la tradición iconográfica de Occidente. Seguramente todos ustedes conocen aquellas imágenes de deliciosa ingenuidad en que, sobre las cabezas de los discípulos, se ven solamente los pies de Jesús que sobresalen de la nube. A su vez, la nube es por fuera un círculo oscuro pero, en su interior, un campo de resplandor refulgente. Se me ocurre que justamente en la aparente ingenuidad de esta representación se muestra algo muy profundo. Cuanto vemos de Jesucristo en el ámbito del tiempo histórico son sus pies y la nube. ¿Qué significan sus pies? En ese contexto, lo primero que nos viene a la memoria es una singular frase del relato de la resurrección del Evangelio de Mateo, donde se dice que las mujeres se abrazaron a los pies del Señor resucitado y lo adoraron. Como Resucitado, Jesucristo emerge por encima de las dimensiones terrenas: solo podemos tocar sus pies, y los tocamos en adoración. Aquí podríamos reflexionar sobre el hecho de que, siguiendo sus huellas, nos acercamos a él como orantes. Orando vamos hacia él, orando lo tocamos, aunque en este mundo solo podemos hacerlo de algún modo siempre desde abajo, siempre desde lejos, siempre siguiendo las huellas de sus pasos terrenos. Al mismo tiempo queda claro que no encontraremos las huellas de Cristo si solo miramos hacia abajo, si solo medimos pisadas y queremos acomodar la fe a lo tangible. El Señor es movimiento hacia lo alto, y solo moviéndonos también nosotros, solo elevando la mirada y ascendiendo, lo reconocemos. Pero al leer a los Santos Padres se agrega todavía algo importante a este cuadro: el correcto ascenso del hombre se da justamente allí donde, en el acercamiento humilde al prójimo, aprende a agacharse profundamente, hasta los pies, hasta el gesto del lavatorio de los pies. Es precisamente la humildad capaz de agacharse la que lleva al hombre hacia arriba: justo ella es la dinámica del ascenso que quiere enseñarnos la fiesta de la Ascensión.

La imagen de la nube señala en la misma dirección. Nos recuerda la nube que precedía a Israel en su itinerario por el desierto: durante el día, era nube, durante la noche, columna de fuego. «Nube» expresa también un movimiento, una realidad que no podemos capturar y fijar a un lugar, expresa una indicación de camino que solo ayuda si nos ponemos en el seguimiento: en el seguimiento del Señor, que siempre nos precede. La nube es a un tiempo velo y presencia: de ese modo, se ha convertido en símbolo de los signos sacramentales, en los que el Señor nos precede, en los que se cubre con un velo y, al mismo tiempo se deja tocar.

Pero volvamos a nuestro punto de partida. La Ascensión hizo que los discípulos se alegraran. Sabían que nunca más estarían solos. Sabían que eran bendecidos. Este saber es el que la Iglesia quisiera inculcarnos también a nosotros durante los 40 días que siguen a la fiesta de Pascua. La

Iglesia quisiera que, también para nosotros, ese saber no se quedara en un conocimiento intelectual, sino que llegara a ser un saber del corazón, a fin de que nosotros experimentemos asimismo aquella gran alegría que nada ni nadie podía ya arrebatar a los discípulos. Para que surja el saber del corazón es necesario el encuentro: una escucha interior de las palabras del Señor, una familiarización interior con Él como la que la Escritura describe respecto a la imagen del comer sal en común. A esa apertura interior nos invita la fiesta de la Ascensión del Señor. Cuanto más la logremos, tanto más entenderemos la gran alegría que despuntó aquel día en que una aparente despedida fue en verdad el comienzo de una nueva cercanía.

PENTECOSTÉS

DESPERTARSE PARA RECIBIR
LA FUERZA QUE BROTA DEL SILENCIO

Pentecostés y Espíritu Santo: desde que existe el cristianismo, esas dos palabras tienen una fuerza casi magnética cuyos efectos, justamente en la Edad Moderna, se extienden mucho más allá del ámbito de los fieles que se adhieren a la Iglesia. Por supuesto, ante todo fue la experiencia de la Iglesia terrena con todas sus limitaciones y flaquezas humanas la que alimentó una y otra vez el anhelo por una Iglesia del Espíritu, de la libertad, del amor. Esto comienza con los predicadores montanistas del siglo II y se registra hasta las esperanzas y los deseos que acompañaron el Concilio Vaticano II.

En la Alta Edad Media, el abad Joaquín de Fiore en Calabria concibió una forma de esta expectativa que se fue incrementando después a lo largo de los siglos como una avalancha. Joaquín enseñó que, al primer reino, del Padre, y al segundo reino, del Hijo, seguiría el reino del Espíritu, donde ya no serían necesarios la ley y los ordenamientos externos, porque el Espíritu y el Amor habrían de conducir a los hombres a la libertad, haciendo innecesario todo dominio de orden exterior. Esta visión ha inspirado una y otra vez a teólogos, filósofos y políticos desde el siglo XII. Los primeros esfuerzos medievales orientados a una restauración de la república romana contra el dominio papal en Italia invocaban las enseñanzas de este abad profético; todavía el Duce, de funesta memoria, conoció en un auditorio de Ginebra la doctrina del religioso medieval y quiso convertirse en su realizador. Pero también Hegel se sabía inspirado por Joaquín, con lo cual existe un hilo que, aunque delgado, se extiende desde Joaquín hasta las esperanzas marxistas y su sociedad sin clases, sin alienación ni explotación.

Las variaciones del tema del Espíritu Santo son tan innumerables que llegan hasta la esperanza de poder erigir el reino del Espíritu como reino de la materia. Pero ¿cuál es en realidad el mensaje que constituye el contenido de Pentecostés? Siendo así que el tema salió de la misma Iglesia, ¿con qué respuestas afrontó esta las variaciones del mismo, que en sus efectos se dirigían en la mayoría de los casos contra ella? ¿Tiene la Iglesia algo que decir que resulte significativo también en la actualidad y que pueda adquirir importancia asimismo más allá del círculo de sus seguidores más allegados? Dar una respuesta que permanezca en la tradición originaria de la fe es muy difícil, porque no se pueden equiparar las esperanzas y los programas concretos y tangibles de esta con nada que sea igualmente visible e ilustrativo.

El Evangelio de Juan nos permite reconocer con cuánta prontitud se planteó este dilema: en medio de frases de una magnitud a menudo impenetrable, el texto joánico contiene preguntas de casi pasmoso realismo. Así sucede, por ejemplo, cuando, interrumpiendo sin cumplidos los discursos de despedida de Jesús, Judas Tadeo plantea la pregunta: «Señor, ¿y cómo es eso de que te has de manifestar a nosotros y no al mundo?» (14,22).

Esta es la pregunta que también nosotros planteamos una y otra vez calladamente: ¿por qué permaneció el Resucitado en el círculo de los suyos en lugar de aparecer con poder delante de sus adversarios y de destruir así toda duda? ¿Por qué a lo largo de la historia se deja encontrar solo con esfuerzo y a tientas a través de la palabra del Evangelio en lugar de erigir de forma inequívoca un reino del espíritu y del amor? La respuesta de Jesús en el Evangelio de Juan se halla muy en clave. Agustín la redujo a la siguiente fórmula: la razón estriba en que solo puede ver el Espíritu quien posee el Espíritu. Agustín evoca allí una frase de Platino, filósofo que él reverenciaba, la misma frase que Goethe vertió de la siguiente manera: «Si el ojo no fuera solar, no podría conocer el sol».

Pero preguntémonos de nuevo: ¿de qué se trata realmente en Pentecostés y el Espíritu Santo? Como no se lo puede demostrar directamente, solo se puede intentar llegar al contenido de su realidad basándonos en imágenes.

Desde tiempos inmemoriales, la liturgia de la Iglesia halló una imagen útil en el salmo 68 (67), que ya la Carta a los efesios (4,8) había entendido como cántico triunfal a la Ascensión del Señor y, con ella, como descripción de la relación que une Pascua con Pentecostés. El versículo 19 de ese salmo reza: «Asciendes a lo alto, llevando prisioneros, tomas hombres en tributo». En la interpretación de la carta del Apóstol esta significa que Cristo es, como Mesías, un rey victorioso que ha librado y ganado la batalla decisiva de la historia universal: la batalla con la muerte, el enemigo primordial y originario de la muerte. Ahora, él hace uso del derecho que tiene el vencedor de repartir el botín. Pero ¿cuál es el botín que él reparte? La respuesta es: el don de Dios es Dios mismo, el Espíritu Santo.

Para los hombres, estas afirmaciones dicen demasiado y, al mismo tiempo, demasiado poco. Ciertamente, Israel había esperado a un vencedor que librara batallas y trajera botines de valor nunca antes visto para el pueblo elegido. Pero *esta* batalla –la cruz– y *este* botín –el Espíritu Santo como fuerza en los creyentes– habían frustrado la expectativa. Justamente esto era lo que no se había deseado. Por tanto, se apartaron de él, encontraron otros mesías que libraron batallas tremendas y desesperadamente heroicas con el poder romano y que, haciéndolo, terminaron por desolar el país. El botín fue para la muerte: resultó la verdadera vencedora de esas décadas de lucha. Pero ¿cómo están las cosas con el cristianismo, con nosotros, aquí y ahora? También nosotros esperaríamos de un salvador regalos totalmente diferentes de los que Pablo describió. Lo que esperamos es: una casa, dinero, buena comida, hermosos viajes, éxito, prestigio, comodidad, nuestra tranquilidad, seguridad. Pero no el Espíritu Santo. En efecto, el Espíritu Santo es en gran medida lo contrario de todo eso: nos inquieta con relación a nuestras posesiones, a nuestra comodidad, a nuestro prestigio, que tan a menudo se basa en dudosas componendas. Él es viento huracanado. No nos da abrigo en nuestra comodidad, nos abandona a la irrisión puesto que nos coloca al servicio de la verdad y nos obliga a superarnos a nosotros mismos en un amor al prójimo «como a mí mismo». Nos enseña una salvación totalmente diferente de la del Tercer Reich y de todos los paraísos en la tierra. Y sin embargo, ¿no es él acaso el viento huracanado que libera al hombre de sí mismo, que lo hace veraz y bueno? ¿No es acaso la más profunda de todas las revoluciones, la única esperanza verdadera para el mundo?

Pero cabe preguntarse: ¿no se trata, en realidad, de una contradicción? Por un lado, oímos que el Espíritu Santo es algo que no se puede señalar, que es invisible en un sentido muy profundo, como lo es el amor que toca al hombre desde sus fundamentos y lo transforma, pero que justamente no se puede mostrar como se muestra, por ejemplo, un automóvil. Por otro, se dice que el Espíritu Santo es viento huracanado, transformación, y hasta tal punto que se lo designa como fuerza de la nueva creación, una fuerza cuya intervención en la realidad no es menos fundamental que, justamente, la «creación». ¿Cómo se conjugan ambas cosas? El núcleo de la respuesta ya está dado con la referencia al amor, que no se puede mostrar pero que es la fuerza más fundamental de la vida misma, y más aún, de la realidad en general.

Tal vez se pueda ilustrar un poco más el contenido de estas afirmaciones con una parábola. Años atrás [1962] se proyectó una impresionante película titulada *Seelenwanderung [«Metempsicosis»]*. La película trataba de dos pobres diablos que, por su carácter bonachón, no prosperaban en la vida. Un día, cuando ya no tenía más que dar, a uno de ellos se le ocurre vender su alma. Se la compraron barata y la colocaron en una caja. Para su gran sorpresa, a partir de ese momento todo cambia en su vida. Asciende rápidamente, se hace cada vez más rico, alcanza altos honores y muere siendo cónsul, con gran cantidad de dinero y bienes. En el momento en que había entregado su alma, había dejado de tener toda consideración y humanidad. Actuaba de forma inescrupulosa, guiándose solo por el lucro y el éxito. El ser humano ya no contaba más para él. Y él mismo era desalmado. En el filme se muestra de forma estremecedora cómo, detrás de la fachada de hombre exitoso, se oculta una existencia vacía. Aparentemente no ha perdido nada, pero le falta el alma y, con ella, le faltaba todo.

Ahora bien, es indudable que el ser humano no puede desprenderse verdaderamente de su alma, de aquella que lo convierte en un ser humano. Sigue siendo un ser humano. Pero tiene la horrorosa posibilidad de, aun siendo un ser humano, ser a la vez inhumano, de seguir siendo hombre y, al mismo tiempo, vender barato su humanidad y así perderla. El abismo entre ser humano y ser inhumano es inmenso, y aun así no es posible mostrarlo; es lo que importa en realidad, pero parece como si no tuviese peso. Se me trasluce que he aquí una parábola a través de la cual pueden comprenderse muchas cosas que son fundamentales en Pentecostés.

Que el Espíritu Santo, el don de la nueva creación, entre o no en el ser humano, que el hombre le dé o no espacio en su interior, es algo que exteriormente no puede verse ni demostrarse. En apariencia, carece de importancia. Y sin embargo, solo en ello se tiene acceso a una nueva dimensión de la vida humana de la que, en última instancia, todo depende. Así, el sentido de Pentecostés no sería hacernos soñar con mundos mejores para el futuro; menos aún sería convertirnos en estrategas del futuro, que sacrifican sin escrúpulos el presente a la quimera de lo venidero. El sentido de este día sería justo inverso: despertarnos al hoy, a la fuerza silenciosa de la bondad divina, que golpea a la puerta de nuestra existencia y desea transformarla. ¿No sería este despertarse a la fuerza que brota del silencio una tarea y una esperanza para cristianos y no cristianos, un sentido para Pentecostés que podría incumbir a todos?

NUEVA CONCIENCIA DE UN COMPORTAMIENTO ACORDE CON EL ESPÍRITU

La mayoría de las grandes fiestas cristianas hunden sus raíces en la fe de Israel, y las fiestas de Israel tienen a su vez origen en las fiestas de la religión natural del mundo agrario o nómada a partir del cual se desarrolló poco a poco lo especial y novedoso de la religión veterotestamentaria. De ese modo, estos días traen consigo la carga de una larga historia, y en esto mismo estriba precisamente su belleza: nos sacan de la superficialidad y precipitación de nuestra vida cotidiana y del ajetreo de nuestro tiempo libre, que justamente comienza a aburrirnos cada vez más porque, una y otra vez, nos encontramos solo con lo eternamente igual, con nuestras propias invenciones, y la excursión a lo del todo diferente que estamos soñando sin cesar se resiste a convertirse en realidad. Las fiestas cristianas son más que tiempo libre, y por eso son tan indispensables: si abrimos los ojos para contemplarlas nos encontramos en ellas con lo totalmente otro, con las raíces de nuestra historia, con las experiencias primordiales de la humanidad y, a través de ellas, con el amor eterno, que es la verdadera fiesta del hombre.

Observamos esto mismo un poco más de cerca en la fiesta de Pentecostés. Desde su más remota prehistoria, se trata de una fiesta de la cosecha: en el mes de mayo maduraba en Palestina el cereal; Pentecostés era acción de gracias por la cosecha del trigo. El hombre reconoce la fecundidad, que se da en la interacción entre el cielo y la tierra, como un milagro del cual vive, y reconoce que la gratitud es la respuesta apropiada a tal milagro. De ese modo la cosecha se convierte en fiesta.

¿Ha perdido realmente su sentido este hecho en la actualidad? Nuestra imagen del mundo se vuelve esquizofrénica si, al escuchar las palabras «Espíritu Santo», solo pensamos en la interioridad cristiana y, en la palabra «cosecha», solo pensamos en la técnica y el mercado. La Iglesia reza en Pentecostés un versículo de un salmo que dice: «Envía tu Espíritu y todo será recreado». Con esta frase se hace referencia ante todo al Espíritu creador, que ha llamado el mundo a la existencia y lo conserva en la existencia. Sería importante que en Pentecostés tomáramos nuevamente conciencia de este hecho: el Espíritu Santo que vino sobre los apóstoles es el mismo Espíritu que formó el mundo. Los problemas de nuestro tiempo se basan en gran parte en que solo vemos el mundo como materia, y esta solamente como material para nuestras propias producciones. No es sorprendente que un mundo que solo es material se vuelva inhóspito.

Las ciencias naturales nos han enseñado de una forma antes insospechada en qué gran medida la materia es espíritu, una sutil matemática ante cuya grandiosidad nuestro espíritu únicamente puede detenerse admirado. De ese modo, ha sido justo la ciencia la que nos ha hecho casi tangible la admirable lógica del Espíritu creador.

Pentecostés tendría que llegar a ser para nosotros también una fiesta de gratitud por la creación, un volver a tomar conciencia acerca de la razón creadora, de esa razón que en la belleza del mundo se manifiesta al mismo tiempo como amor creador. Tal gratitud por la creación podría llevar después a una renovada toma de conciencia acerca de la creación misma, de lo que constituye un comportamiento acorde con la creación, un comportamiento acorde con el Espíritu, y debería redundar asimismo en un apartamiento del materialismo práctico, que abusa del mundo y lo destruye.

Sobre este trasfondo debe entenderse también que Pentecostés se haya convertido para Israel en la conmemoración de la llegada al Sinaí y en la celebración de la alianza que, en la ley, había traído a Israel la orientación para su camino. Los cristianos han visto en su propio Pentecostés la prolongación de estos mismos pensamientos: la nueva ley es el amor, que abre las fronteras y une a los hombres en una nueva alianza. Pero tampoco el amor es ausencia de formas ni arbitrariedad, sino formación desde el interior, alerta del corazón que hace propio el ritmo de la creación y lo lleva a la plenitud.

El Espíritu creador, que llamó a la existencia el mundo, el Espíritu que se hizo palabra en la alianza del Sinaí y el don del Espíritu del día de Pentecostés a los apóstoles forman una unidad: se trata en todos los casos del mismo y único Espíritu. Pentecostés como comienzo de la Iglesia es la ampliación de la alianza de Dios a toda la creación, a todos los pueblos y todos los tiempos. La creación entera es incorporada al ámbito de la alianza y, con ello, llega a su fin propio y verdadero: ser lugar del amor.

Hace poco habría parecido todavía muy antropomorfo y probablemente también antropocéntrico que Pablo dijera que desde la creación asciende el clamor del anhelo por la revelación de los hijos de Dios (Rom 8,19). Pero hoy sentimos los quejidos de la creación, que sufre pisoteada por quienes no quieren ya tener nada que ver con Dios y pretenden eliminarlo del mundo. La creación clama por los hijos de Dios: ella ha sido creada orientada hacia la alianza. El Espíritu Santo del amor es y sigue siendo el Espíritu creador «sin el cual nada en el hombre, nada es sano» (Secuencia de Pentecostés). Pentecostés se hará en mayor medida una fiesta de la creación, de gratitud por la creación y de renovación de la creación cuanto más la vivamos como fiesta de la renovación de la alianza, cuanto más nos tornemos en Iglesia a partir de aquella que es su fundamento y verdadera esencia: «Un mandamiento nuevo os doy: que os améis los unos a los otros» (Jn 13,34).

El Espíritu Santo y la Iglesia

A menudo se oye la queja de que en la Iglesia se habla muy poco del Espíritu Santo. A veces, esa queja se intensifica llegando a la opinión de que tendría que haber cierta simetría entre lo que se habla sobre Cristo y sobre el Espíritu Santo. A todo discurso sobre Jesucristo debería corresponder un discurso sobre el Espíritu Santo. Quien tal cosa exige olvida que Cristo y el Espíritu Santo pertenecen a la Santísima Trinidad. Olvida que la Trinidad no debe entenderse como una yuxtaposición simétrica. Si así fuese, deberíamos creer en tres divinidades, y con ella se desconocería en lo fundamental el contenido de la profesión de fe cristiana en el Dios uno en tres personas. Como sucede a menudo, también aquí la liturgia de la Iglesia oriental puede darnos una valiosa referencia. El domingo de Pentecostés, celebra la fiesta de la Santísima Trinidad, el lunes, la efusión del Espíritu Santo y, el domingo subsiguiente, la fiesta de Todos los Santos. Esta estructura litúrgica tiene una firme consistencia y nos muestra algo de la lógica interna de la fe. El Espíritu Santo no es una magnitud aislada ni aislable. Su esencia consiste en remitir a la unidad del Dios trino. Si en la historia de la salvación que transitamos desde Navidad hasta Pascua el Padre y el Hijo aparecen frente a frente en su relación de envío y obediencia, el Espíritu no representa una tercera magnitud yuxtapuesta a ellos o interpuesta entre ellos sino que nos lleva a la unidad de Dios. Dirigir la mirada al Espíritu Santo significa trascender el mero frente a frente del Padre y del Hijo y reconocer el círculo del amor eterno, que es unidad suprema. Quien quiera hablar del Espíritu debe hablar de la triunidad de Dios. Si la doctrina del Espíritu Santo ha de ser en cierto sentido una corrección de un cristocentrismo unilateral, esa corrección consiste entonces en que el Espíritu nos enseña a ver a Cristo enteramente dentro del misterio del Dios trinitario: como nuestro camino hacia el Padre, en perenne diálogo de amor con él.

El Espíritu Santo remite a la Trinidad, y justamente así remite a nosotros mismos. En efecto, el Dios trinitario es el prototipo de la nueva humanidad unida, es el prototipo de la Iglesia, cuya palabra fundacional puede reconocerse en la oración de Jesús que pide al Padre «que sean uno, como nosotros somos uno» (Jn 17,11.21s). El Dios trino es la medida y el fundamento de la Iglesia. Esta tiene que lograr que alcance su objetivo la palabra pronunciada por Dios el día de la creación: «Hagamos al hombre a nuestra imagen, semejante a nosotros» (Gn 1,26). En ella, la humanidad, que en su desgarramiento se convirtió directamente en la contraimagen de Dios, debe volver a ser el Adán único, cuya imagen, al decir de los santos Padres, fue hecha añicos por el pecado y ahora yace dispersa en fragmentos. La medida divina del hombre debe aparecer nuevamente en ella: unidad «como nosotros somos uno». Así, la Trinidad, Dios mismo, es el prototipo de la Iglesia. Iglesia no significa el agregado de una idea adicional del hombre sino la puesta en camino del hombre hacia sí mismo. Y si el Espíritu Santo expresa y es la unidad de Dios, es entonces el verdadero y propio elemento vital de la Iglesia, en el que el enfrentamiento se reconcilia para ser comunidad y los trozos dispersos de Adán son recompuestos en la unidad.

Por eso la representación litúrgica del Espíritu Santo comienza con la celebración de la Trinidad. Esa celebración nos dice lo que es el Espíritu: nada en sí mismo que pueda colocarse junto a otra realidad, sino el misterio de que Dios, en el amor, es totalmente uno, pero que, como amor, es al mismo tiempo un frente a frente, es intercambio, comunidad. Y, desde la Trinidad, el Espíritu nos dice cuál es la idea de Dios sobre nosotros: unidad a imagen de Dios. Pero nos dice también que como hombres solo podremos tener unidad si nos encontramos en una unidad más elevada, como en un tercero: solo si somos uno en Dios podemos ser unidos entre nosotros. El camino al otro pasa por Dios; si no está presente este medio de nuestra unidad, permanecemos eternamente separados unos de otros por abismos que no hay buena voluntad que pueda superar.

Cualquiera que experimente con mente alerta su condición humana se da cuenta de que no estamos hablando de meras teorías teológicas. Tal vez solo raras veces se hayan experimentado como en el siglo XX la inaccesibilidad última del otro, la imposibilidad de darse y de entenderse mutuamente de forma duradera. «Vivir significa estar solo; nadie conoce al otro; cada cual está solo»: así lo formula Hermann Hesse. Si hablo con el otro es como si se interpusiera entre nosotros una pared de vidrio opalino: nos vemos, pero no nos vemos; estamos cerca, pero no podemos acercarnos. Así expresaba Albert Camus la misma experiencia.

Pentecostés, la presencia del misterio trinitario en nuestro mundo humano, es la respuesta a esta experiencia. El Espíritu Santo tiene que ver con la pregunta humana fundamental: ¿cómo podemos llegar unos a otros? ¿Cómo puedo seguir siendo yo mismo, respetar la alteridad del otro y, a pesar de todo, salir del enrejado de la soledad y tocar al otro interiormente? Las religiones asiáticas respondieron a esta pregunta con la idea del nirvana: mientras exista el yo, eso no es posible, afirman ellas. El yo mismo es la prisión. Tengo que disolver el yo, dejar atrás la personalidad como prisión y como lugar de irredención, dejarme caer en la nada del verdadero todo. Salvación es des-devenir, y ese proceso debe ser ejercitado: el regreso a la nada, el abandono del yo como la única liberación verdadera y definitiva. Quien experimenta día tras día la carga del yo y la carga del tú puede entender la fascinación de un programa semejante. Pero ¿es realmente mejor la nada que el ser, la disolución de la persona que su plenitud?

Un mero activismo no es respuesta alguna a semejante fuga mística; por el contrario, la suscita. En efecto, todos los nuevos dispositivos que el activismo crea solo se convierten en nuevas prisiones cuando el tú y el yo no se reconcilian. Pero el yo y el tú no pueden reconciliarse si el hombre sigue sin reconciliarse con su propio yo. ¿Y cómo podrá aceptar ese yo, el yo sediento y ávido, que grita reclamando amor, reclamando al tú, pero que al mismo tiempo se siente vulnerado, amenazado y coartado por el tú? Y a propósito, frente a la gran voluntad que anima a las religiones asiáticas, las técnicas modernas de la dinámica de grupos, de la reconciliación del hombre consigo mismo y con el tú, son solo pobres soluciones sucedáneas, aun a pesar de sus sofisticadas artes. En ellas se dispone al yo y al tú para funcionar al mínimo, se los acostumbra a reglas a fin de percibirse lo menos posible y de no desgastarse en la mutua fricción. Su pasión divina se ve reducida a un par de instintos y el hombre es tratado como un aparato cuyo manual de instrucciones hay que conocer. Se intenta solucionar el problema de la condición humana negando en general al ser humano y tratándolo como un sistema de procesos que se atraviesan y que hay que aprender a dominar.

Ahora bien: ustedes me preguntarán qué tiene que ver todo esto con el Espíritu Santo y con la

Iglesia. La respuesta es la siguiente: la alternativa cristiana al nirvana es la Trinidad, esa unidad última en que el frente a frente del yo y del tú no queda abolido sino que se integra en el Espíritu Santo. En Dios hay personas, y justamente así es Él la realización de una unidad última. Dios no ha creado la persona para que sea disuelta sino para que se abra a la totalidad de su altura y a su máxima profundidad, para que se abra hacia la dimensión donde el Espíritu Santo la envuelve y es la unidad de las personas separadas. Tal vez esto suene demasiado teórico, pero tenemos que intentar acercarnos paso a paso al programa de vida que contiene.

A este camino llegamos si recordamos una vez más el decurso de las celebraciones litúrgicas en la Iglesia oriental. Habíamos dicho que, después de la fiesta de la Trinidad el domingo de Pentecostés, se celebra el lunes la efusión del Espíritu Santo, la fundación de la Iglesia; y, al domingo siguiente, la fiesta de Todos los Santos. La comunidad de todos los santos es la humanidad configurada en unidad según el modelo de la Trinidad, la ciudad futura que ya está en proceso de surgimiento y que nosotros procuramos construir con nuestra vida. Es la imagen ideal de la Iglesia, situada, por decirlo así, al final de la semana en cuyo comienzo se encuentra la Iglesia terrena, que comenzó en el Cenáculo de Jerusalén. La Iglesia en el tiempo se extiende entre esa Iglesia del comienzo y la Iglesia del final, que ya se encuentra en crecimiento. En la tradición artística de Oriente, la Iglesia del comienzo, la Iglesia de Pentecostés, es el icono del Espíritu Santo. El Espíritu Santo se hace visible y representable en la Iglesia. Si Cristo es el icono del Padre, la imagen de Dios y, al mismo tiempo, la imagen del hombre, la Iglesia es la imagen del Espíritu Santo. A partir de ahí podemos entender qué es propiamente la Iglesia en lo más hondo de su esencia: la superación del límite entre el yo y el tú, la unificación de los hombres entre sí a través del trascenderse a sí mismos hacia el propio fundamento, hacia el amor eterno. La Iglesia es la incorporación de la humanidad en la modalidad de vida del Dios trinitario. Por eso, la Iglesia no es cuestión de un grupo, de un círculo de amigos; por eso no puede ser Iglesia nacional o identificarse con una raza o con una clase: si así es, tiene que ser católica, «reunir juntos a los hijos de Dios que estaban dispersos», como lo formula el Evangelio de san Juan (11,52).

La expresión del des-devenir que describe el proceso espiritual de las religiones asiáticas podrá resultar poco adecuada para representar el camino cristiano. Pero sí es correcto que ser cristiano implica una ruptura de abrirse y ser abierto al modo como tiene que sucederle al grano de trigo a fin de que, abriéndose, dé fruto. Llegar a ser cristiano es llegar a ser unido: los añicos de la imagen rota de Adán tienen que ser recompuestos. Ser cristiano no es una confirmación de sí mismo sino un ponerse en marcha hacia la gran unidad que abarca a la humanidad de todos los lugares y todos los tiempos. La llama del infinito anhelo no es extinguida sino alzada, de modo que se una con el fuego del Espíritu Santo. Por eso, la Iglesia no comienza como un club sino de forma católica: ya en su primer día habla en todas las lenguas, en las lenguas del orbe. La Iglesia fue universal antes de que diera origen a Iglesias locales. La Iglesia universal no es una federación de Iglesias locales sino su madre. La Iglesia universal dio a luz a las Iglesias particulares, y estas solo pueden seguir siendo Iglesia en la medida en que se desprendan constantemente de su particularidad y la trasciendan hacia el conjunto: solamente de ese modo, desde el conjunto, pueden ser icono del Espíritu Santo, que es la dinámica de la unidad.

Aun cuando hablemos de la Iglesia como icono del Espíritu Santo y hablemos de Él como Espíritu de unidad, no debemos perder de vista un rasgo llamativo de la historia de Pentecostés. Dice el relato de Pentecostés que las lenguas de fuego se dividieron y descendieron una sobre la cabeza de cada uno (Hch 2,3). El Espíritu Santo se da personalmente y a cada uno a su modo. Cristo asumió la naturaleza humana, aquella que nos une a todos, y desde ella nos une. Pero el Espíritu Santo se da a cada uno como persona; a través de Él, Cristo se torna respuesta personal para cada uno de nosotros. La unión de los hombres como tiene que suscitarla la Iglesia no sucede por la disolución de la persona sino por su plenitud, que significa apertura infinita. Por eso, a la constitución de la Iglesia pertenece por un lado el principio de la catolicidad: nadie actúa por mera voluntad o genialidad propia; cada uno tiene que actuar, hablar y pensar a partir de lo comunitario del nuevo nosotros de la Iglesia, que está en intercambio con el nosotros del Dios uno y trino.

Pero, justamente por eso, vale por el otro lado que nadie actúa solo como representante de un grupo o de un sistema colectivo, sino que se encuentra en la responsabilidad personal de la conciencia abierta y purificada en la fe. La eliminación de la arbitrariedad y del egoísmo debería alcanzarse en la Iglesia no por medio de proporcionalidad de grupos e imposición de la mayoría, sino por la conciencia formada por la fe, que no se alimenta de lo propio sino de lo que se ha recibido en común en la fe. En sus discursos de despedida, el Señor describe la esencia del Espíritu Santo con estas palabras: Él «os guiará hacia la verdad plena, porque no hablará por cuenta propia, sino que dirá todo lo que él oye y os explicará lo que está por venir» (Jn 16,13). Aquí, el Espíritu se torna en icono de la Iglesia. A través de la descripción del Espíritu Santo, el Señor aclara qué es la Iglesia y cómo debe vivir esta para ser ella misma. Hablar y actuar cristianamente se realiza de este modo: nunca ser solo yo mismo. Llegar a ser cristiano significa incorporar a la Iglesia toda en sí mismo o, mejor dicho, dejarse incorporar desde dentro en ella. Cuando hablo, pienso, actúo, lo hago como cristiano siempre en el conjunto y a partir del conjunto: de ese modo halla expresión el Espíritu y los hombres llegan al encuentro mutuo. Solo llegarán al encuentro exterior si antes han llegado a un encuentro interior: si me he vuelto interiormente amplio, abierto y grande, si he recibido a los otros en mí mismo a través de mi comunión de fe y de amor con ellos, de modo que ya no estoy más solo sino que todo mi ser está marcado por esa comunión.

A primera vista podrá parecer que un discurso semejante, realizado a partir de la escucha, de la receptividad, y no en nombre propio, impide la articulación de la genialidad individual. Y ciertamente es un impedimento para ella si genialidad es solo una acentuación excesiva del individuo, que intenta agigantarse a una suerte de divinidad. Pero no constituye de hecho un impedimento para el reconocimiento de la verdad y para el progreso: el Espíritu Santo conduce a la verdad plena, a lo aún no expresado por Jesús, justamente porque actúa de ese modo, y también así anuncia lo que está por venir: no recibimos nuevos conocimientos a través de la cerrazón del yo; a la verdad solo se accede en un pensamiento que se asocie a aquello cuyo conocimiento se ha alcanzado antes de nosotros. La grandeza de un ser humano depende de la medida de su capacidad de participación; solo llegará a ser grande en el hacerse pequeño, en el participar en el todo.

Pablo vertió esto mismo en una magnífica fórmula cuando describe su conversión y su bautismo con las siguientes palabras: «Ya no vivo yo, es Cristo quien vive en mí» (Gal 2,20). Ser cristiano es por esencia conversión, y conversión en sentido cristiano no es el cambio de algunas ideas sino un proceso de muerte. Se rompen los límites del yo; el yo se pierde a sí mismo para encontrarse de nuevo en un sujeto mayor que abarca cielo, tierra, pasado, presente y futuro y, en ello, toca la verdad misma. Este «yo y, sin embargo, más que yo» es la alternativa cristiana al nirvana. También podemos decir: la alternativa es el Espíritu Santo. Él es la fuerza de la apertura y de la fusión en aquel nuevo sujeto que llamamos cuerpo de Cristo o Iglesia. Por supuesto, aquí se manifiesta también que este llegar al encuentro mutuo no es un proceso de bajo coste. No se da sin el coraje de la conversión, del dejarse abrir a la manera del grano de trigo. El Espíritu Santo es fuego; quien no quiera quemarse no debe acercarse a él. Pero ha de saber también que se hundirá en la mortífera soledad del yo encerrado, y que toda comunidad que se intente realizar eludiendo el fuego seguirá siendo en última instancia un mero juego y una apariencia vacía. «El que está cerca de mí está cerca del fuego», dice una palabra extrabíblica de Jesús que nos ha llegado transmitida por Orígenes. La misma remite de manera inimitable a la relación que existe entre Cristo, el Espíritu Santo y la Iglesia.

Una expresión de san Juan Crisóstomo va en esa misma dirección. Crisóstomo parte del relato de la curación de un paralítico en Listra a manos de Pablo y Bernabé en los Hechos de los apóstoles. La multitud excitada veía en los dos extraños hombres que poseían semejante poder una visita de los dioses Zeus y Hermes, por lo que se mandó llamar al sacerdote y se le quería ofrecer un toro en sacrificio. Pablo y Bernabé quedan espantados por la iniciativa y gritan a la multitud: somos hombres pasibles como vosotros que hemos venido a traeros el Evangelio (Hch 14,8-18). Crisóstomo comenta al respecto: es verdad, eran hombres como los demás y, sin embargo, eran diferentes, pues a la naturaleza humana se le había agregado una lengua de fuego. Esto es lo que hace al cristiano: el que a su existencia humana se le añade una lengua de fuego. Así surge la Iglesia. Se le da a cada uno personalmente; y cada uno es cristiano como tal persona, de una forma única e irrepetible. Cada uno tiene «su Espíritu», su lengua de fuego; y tanto es así que, en el saludo litúrgico, nos referimos a ese espíritu del otro: «Y con tu espíritu». El Espíritu Santo se ha tornado en su espíritu, en su lengua de fuego. Pero como el Espíritu es uno y único, podemos dirigirnos unos a otros a través de él y formar juntos la Iglesia una.

A la condición humana se le ha agregado una lengua de fuego: aunque ahora tenemos que corregir esta expresión. El fuego nunca es algo que pueda agregarse a otra cosa y que, a continuación, siga existiendo junto a ella. El fuego quema y transforma. La fe es una lengua de fuego que nos quema, nos funde y transforma para que cada vez tenga más vigencia el hecho de que soy yo, pero ya no más yo. Por supuesto, quien se encuentre hoy en día con el cristiano promedio tendrá que preguntarse dónde ha quedado la lengua de fuego. Lamentablemente, lo que sale de las lenguas cristianas es a menudo cualquier cosa menos fuego. Sabe más bien a agua estancada, apenas tibia, ni caliente ni fría. Ni nosotros queremos quemarnos ni quemar a otros, pero de ese modo nos mantenemos lejos del Espíritu Santo, y la fe cristiana decae al nivel de una cosmovisión de fabricación propia que procura en lo posible no dañar nada de nuestras comodidades y que se reserva la acritud de la protesta para los casos en que esta apenas puede perturbarnos en nuestras costumbres. Por supuesto, si eludimos el fuego ardiente del Espíritu Santo, la condición de cristianos solo se hará cómoda a primera vista. La comodidad del individuo es la incomodidad del conjunto. Cuando no nos exponemos más al fuego de Dios, las fricciones entre nosotros se vuelven insoportables y, como lo expresara Basilio, la Iglesia se ve desgarrada por el griterío de las facciones. Solo cuando no tememos la lengua de fuego ni el viento huracanado que trae consigo, la Iglesia se torna icono del Espíritu Santo. Y solo entonces abre el mundo a la luz de Dios. La Iglesia comenzó cuando los discípulos se reunieron unánimes en el Cenáculo para orar. Así comienza siempre de nuevo. Implorando en oración el Espíritu Santo, tenemos que llamarla cada día de nuevo a la existencia.

CORPUS CHRISTI
(Jueves de la segunda semana después de Pentecostés)

ESTAR, CAMINAR, ARRODILLARSE

Si queremos entender qué significa la fiesta del Corpus es aconsejable contemplar con sencillez la figura litúrgica en que la Iglesia interpreta y celebra el sentido de esta fiesta. Más allá de lo común que une todas las fiestas cristianas, hay sobre todo tres elementos que constituyen la figura festiva de este día. Primero, está la reunión comunitaria en torno al Señor, el estar en presencia del Señor, estar en solidaridad con el Señor y, de ese modo, el estar juntos. Como segundo elemento se halla el caminar con el Señor, la procesión; y, por último, lo que constituye el contenido de todo esto, su centro y su punto culminante: el arrodillarse ante el Señor, la adoración, la glorificación y la alegría por su cercanía. Estar ante el Señor, caminar con el Señor y arrodillarse ante el Señor son, pues, los tres elementos constructivos de este día que queremos contemplar a continuación.

En la Iglesia antigua se utilizaba para esta actitud la palabra *statio*. Al mencionarlo estamos abordando al mismo tiempo la raíz más antigua de lo que acontece en la fiesta del Corpus y de lo que esta significa. Cuando el cristianismo se expandió por el mundo, sus mensajeros dieron gran importancia desde el principio a que en cada ciudad hubiese un único obispo, un único altar. En ello debía expresarse la unidad del único Señor, que nos reúne en el abrazo desde la cruz, que, trascendiendo las fronteras trazadas por la vida terrena, nos convierte en un solo cuerpo. Y este es, en efecto, el sentido más íntimo de la Eucaristía: que, al recibir el único pan, nosotros mismos entremos en ese único centro y lleguemos a ser de ese modo un organismo viviente, el único cuerpo del Señor.

La Eucaristía no es un asunto privado que se celebra en un círculo de amigos, en un club de personas con convicciones afines donde se encuentran quienes coinciden entre sí, sino, del mismo modo como el Señor se dejó crucificar públicamente delante de las murallas de la ciudad, en presencia del mundo, y extendió sus brazos hacia todos, así la celebración de la Eucaristía es el culto público de todos aquellos a quienes el Señor llama, con independencia de la composición del conjunto. Por eso forma parte esencial de la celebración de la Eucaristía lo que el Señor vivió ejemplarmente en su vida terrena: que personas de las diferentes opciones partidarias, de los diferentes estados sociales y de las diferentes visiones de la realidad converjan en la realidad mayor de su palabra y de su amor. En el mundo mediterráneo, que fue el primero en que penetró el cristianismo, formaba parte de la Eucaristía el que se sentaran juntos el aristócrata que había encontrado el camino hacia el cristianismo, el estibador del puerto de Corinto, el esclavo miserable que, según el derecho romano, no era considerado ni siquiera como un ser humano, sino objeto del derecho real. Forma parte de la Eucaristía que el filósofo se siente junto al analfabeto, la ramera convertida y el publicano convertido junto al asceta que ha encontrado su camino hacia Jesucristo. Además, en los textos del Nuevo Testamento podemos ver cómo los hombres se resistían una y otra vez contra esa composición de la asamblea eucarística, cómo querían encerrarse en su propio círculo, y cómo esto mismo siguió siendo tanto más el sentido de la Eucaristía: reunir, trascender las fronteras y conducir a los hombres a una nueva unidad a partir del Señor.

Cuando el cristianismo creció numéricamente, esta limitación a un único altar y a una única eucaristía ya no pudo mantenerse en las ciudades. Ya en el tiempo de las persecuciones se formaron, por ejemplo en Roma, las iglesias titulares como predecesoras de las posteriores parroquias. Por cierto que también en este caso siguió en pie el carácter público y no discrecional del culto divino, que reúne a personas que, de otro modo, no se reunirían. Pero el carácter generador de apertura a lo ancho de un determinado ámbito local ya no era lo suficiente visible. De ese modo se creó la institución de la *statio*. Es decir: el Papa como obispo de Roma celebra, en especial durante la Cuaresma, la Eucaristía en las diferentes iglesias titulares de toda Roma. Los cristianos se reúnen, se dirigen juntos a la iglesia y, de esa manera, en las diferentes iglesias se hace visible el conjunto, y el conjunto alcanza hasta lo particular.

Esta idea originaria es retornada por la fiesta del Corpus. Es la *statio urbis,* abrimos las iglesias parroquiales, nos abrimos desde los diferentes rincones y confines de la ciudad para reunirnos junto al Señor a fin de ser uno desde él. También en este caso, trascendiendo las fronteras de partidos y estados sociales, nos reunimos gobernantes y gobernados, hombres de profesión artesana o de dedicación intelectual, hombres de una y otra corriente. Y justamente lo esencial es que estamos aquí reunidos desde el Señor, lo esencial es que él nos reúne. De esta hora de encuentro debería brotar el llamamiento a que también nos abramos y aceptemos desde dentro, de que vayamos unos hacia otros, de que también en la dispersión de la vida cotidiana mantengamos esta congregación interior obrada por el Señor.

Como todos sabemos, nuestras ciudades se han convertido en lugares de una soledad nunca antes vista. En ninguna parte están tan solos y abandonados los seres humanos como en los grandes bloques de viviendas, justamente en el lugar donde más amontonados se hallan. Un amigo me contó que se había mudado a un bloque semejante en una gran ciudad del norte de Alemania. Al salir de un bloque, saludó a un vecino, que lo miró sorprendido y le dijo: «Se equivoca». Donde las personas son solo masa, el saludo pasa a ser una equivocación. Pero el Señor nos reúne y nos abre a fin de que nos aceptemos mutuamente, de que nos pertenezcamos mutuamente, de que, estando en solidaridad con él, aprendamos de nuevo a estar en solidaridad unos con otros. Justamente también la Marienplatz[11] de nuestra ciudad de Múnich experimenta de ese modo su destino más propio e interior. Cuántas veces pasamos apresurados por aquí. Hoy, la Marienplatz tiene que ser lugar de comunidad, de una comunidad que continúe después con nosotros como don y tarea.

Ciertamente hay muchas reuniones, pero muy a menudo lo que une es más aquello a lo que nos oponemos que aquello a favor de lo cual estamos. Y casi siempre sucede que un determinado interés tiene capacidad de convocatoria cuando está orientado en contra de otros intereses. Pero hoy no nos reúne un interés privado de este o de aquel grupo, sino el interés que Dios tiene por nosotros y en el que colocamos con confianza todos nuestros propios intereses. Estamos en solidaridad con el Señor. Y cuanto más lo estemos y estemos en su presencia, tanto más estaremos en comunión, se aglutinarán también una y otra vez las fuerzas necesarias para entendernos unos a otros como seres humanos, para reconocernos como hermanos y hermanas y para fundar y posibilitar, en comunidad, una actitud de humanidad.

El estar junto al Señor y con el Señor ha suscitado desde el comienzo como requisito interior también el caminar hacia el Señor. En efecto: en realidad, no estamos juntos. Por eso, la *statio* solo podía darse reuniéndonos previamente en la procesión que nos condujo unos hacia otros. Esta es la segunda invitación de la fiesta del Corpus. Solo podemos ir unos hacia otros y llegar hasta el Señor en este *procedere*, en este salir y avanzar en que trascendemos nuestros propios prejuicios, nuestros límites y nuestras barreras, en un adelantarnos y encaminarnos hacia él, yendo hacia el lugar donde hemos de encontrarnos. También esto rige tanto en el ámbito eclesial como en el secular. En efecto, hoy experimentamos también en la Iglesia –¡y escuche Dios nuestro lamento!– el desgarramiento, la oposición, la desconfianza. *Processio, procedere,* tiene que ser nuevamente un desafío dirigido a nosotros para que procedamos, para que avancemos hacia él, para que juntos nos coloquemos bajo sus normas y para que, en la fe que compartimos en el Hijo de Dios hecho hombre que se nos regala como pan, volvamos a confiar también unos en otros, nos abramos unos a otros, y juntos nos dejemos conducir por él.

La procesión, que ya formaba parte de la liturgia de la *statio* en la antigua Roma, ha adquirido en la fiesta del Corpus una nueva dimensión, una nueva hondura. La procesión de Corpus ya no es más un mero caminar hacia el Señor, hacia la celebración eucarística, sino que es un caminar con el Señor: se ha tornado ella misma en una parte de la celebración eucarística, en una dimensión del acontecimiento eucarístico. El Señor, que se ha hecho nuestro pan, es justamente así una indicación del camino, es nuestro camino, el camino que nos conduce.

La Iglesia ha formulado de ese modo una nueva interpretación de la historia del Éxodo, de la peregrinación por el desierto. Israel marcha a través del desierto. En una tierra sin caminos puede encontrar el camino porque el Señor lo conduce como nube y como luz. Puede vivir en esa tierra sin caminos y sin vida, porque no solo de pan vive el hombre, sino de toda palabra que viene de la boca de Dios. De ese modo, en la historia de Israel, en su marcha por el desierto se desvela lo más hondo de la historia humana. Este Israel pudo encontrar una tierra y, tras la pérdida de aquella, pudo seguir existiendo, porque no solo vivía de pan sino que, en la palabra, encontró la fuerza de una vida que lo sostuvo en medio de la falta de caminos y de terruño que experimentó a lo largo de los siglos. Y así, Israel es para todos nosotros un signo erigido de forma permanente.

El hombre solo encuentra camino cuando se deja conducir por aquel que es al mismo tiempo palabra y pan. Solo en el caminar con el Señor podemos salir airosos en la peregrinación de nuestra historia. La fiesta del Corpus interpreta de ese modo la realidad de toda nuestra vida, de toda la historia universal: peregrinación hacia la tierra prometida, una peregrinación que solo puede conservar la dirección si es un caminar con aquel que está en medio de nosotros como pan y palabra.

Más que en otros tiempos sabemos hoy que, de hecho, la vida entera de este mundo y la historia de la humanidad son movimiento, un incesante cambio, un seguir hacia delante sin cesar. La palabra progreso ha adquirido un tono casi mágico. Pero entretanto sabemos también que el concepto de progreso solo puede tener sentido si indica la dirección hacia la que queremos ir. El mero movimiento no constituye por sí solo un progreso. Puede ser también un viaje presuroso hacia el abismo. Si ha de haber progreso, habrá que preguntar cuál es su criterio normativo y cuál su meta, que en todo caso no habrá de ser el mero incremento de productos materiales.

La fiesta del Corpus interpreta la historia. El Corpus le da a nuestra peregrinación por el mundo su norma en Jesucristo, el Dios hecho hombre, el Dios Eucarístico que nos señala el camino. Con ello no se han solucionado por cierto todos los problemas. Y tampoco es ese el sentido del actuar de Dios. Para eso nos da nuestra libertad y nuestras fuerzas, de modo que nos esforcemos, encontremos y luchemos. Pero la norma fundamental está fijada. Y cuando en él encontramos la norma y la meta de nuestros caminos, se tiene el parámetro para discernir entre camino y rodeo: caminar con el Señor es el signo y el encargo de este día.

Finalmente, tenemos el arrodillarse ante el Señor: la adoración. En cuanto que él mismo está presente en la Eucaristía, la adoración ha estado siempre presente en ella por su misma esencia. Aun cuando solo en la Edad Media se desarrolló en esta gran forma festiva, tal desarrollo no constituye en modo alguno una modificación o una mengua, sino solo la plena manifestación de lo que siempre estaba contenido en ella. En efecto, si el Señor se nos da, recibirlo solo puede consistir, al mismo tiempo, en inclinarse ante él, en glorificarlo, en adorarlo.

Tampoco hoy está en contra de la dignidad, de la libertad y de la grandeza del hombre doblar la rodilla, vivir la obediencia ante él, adorarlo y glorificarlo. Pues si lo negamos para no tener que adorarlo solo nos queda la eterna necesidad de la materia. Entonces carecemos realmente de libertad, somos solo una mota de polvo que, arrastrada en el giro del gran molino del universo, trata en vano de convencerse de su propia libertad. Solo si *Él* es el Creador se sigue que la libertad es el fundamento de todas las cosas y que podemos ser libres. Al inclinarse ante él, nuestra libertad no queda suprimida sino que es asumida verdaderamente y hecha definitiva. Pero en este día de Corpus hay algo más que viene a agregarse a lo dicho. Aquel a quien adoramos no es un poder lejano. Él mismo se ha hincado ante nosotros para lavar nuestros pies. Eso da a nuestra adoración su aire de soltura, de esperanza y de alegría, porque nos inclinamos ante aquel que a su vez se ha inclinado, y porque nos inclinamos internándonos en el amor, que no esclaviza sino que transforma. Así pues, queremos pedir al Señor que nos regale ese reconocimiento y esa alegría, y que ella se irradie desde este día a nuestra tierra y a nuestra vida cotidiana.

EL MOSAICO DEL ÁBSIDE
DE SAN CLEMENTE EN ROMA

Si desde el atrio, que con su galería de columnas y su fuente en el centro recuerda la disposición de las casas de la antigua Roma, entramos a la iglesia de San Clemente en Roma, tan cargada de historia, nuestra vista se ve inmediatamente atraída por el gran mosaico del ábside, con su fondo dorado y sus luminosos colores. Nuestra mirada queda finalmente atrapada por la imagen de la cruz, que se encuentra en el centro del mosaico: Cristo, con la cabeza inclinada, ha entregado su espíritu en las manos del Padre. De su rostro, como de la figura entera, dimana una gran paz. Si queremos buscar un título para la representación del Crucificado nos vienen de inmediato a la mente palabras como reconciliación o paz. El dolor ha sido superado; nada hay en la imagen de ira, de amargura, de acusación. La palabra bíblica de que el amor es más fuerte que la muerte se hace aquí visible y contemplable. La muerte ya no es lo esencial y propio que observamos. Vemos amor, que no ha sido suprimido por la muerte sino que aún resalta más.

La vida terrena se ha extinguido, pero el amor ha permanecido. Así, a través de la escena de la crucifixión, trasluce ya la resurrección.

Si permanecemos detenidos ante el mosaico, notamos que en realidad esa cruz es un árbol a cuyos pies brotan cuatro manantiales en los que ciervos calman su sed; viene así a la mente la idea de los cuatro ríos del paraíso terrenal, y recordamos la frase del salmo que dice: «Como anhela la cierva al lado del torrente, así te anhela a ti, oh Dios, el alma mía» (Sal 42 [41],2). El árbol del que proviene el agua viva es fecundo: nos damos cuenta ahora de que los abundantes pámpanos que llenan la imagen todo a lo ancho no son simplemente un ornamento: se trata de una gran vid cuyos sarmientos crecen de las raíces y las ramas del árbol de la cruz. En grandes movimientos circulares se extienden por todo el mundo y lo introducen en sí mismos. El mismo mundo se convierte en una gran viña. Entre sus sarmientos y en medio de sus circunvoluciones se mueve la plétora de la vida histórica. En imágenes llenas de fantasía y de alegría de vivir encontramos representados en el mosaico el trabajo de los pastores, de los campesinos y de los monjes, animales y hombres de todo tipo, toda la variopinta multiplicidad de la existencia.

Pero hay algo más: la cruz no solo crece a lo ancho. Tiene también su altura y su profundidad. Ya habíamos visto que, abajo, se hundía en la tierra irrigándola y haciéndola florecer. Pero ahora hemos de prestar atención a su altura: desde lo alto, desde el misterio de Dios, se extiende hacia abajo la mano del Padre. De ese modo se introduce movimiento en la imagen. Por una parte, la mano divina parece bajar la cruz desde la altura de la eternidad a fin de traer al mundo vida y reconciliación. Pero, al mismo tiempo, la mano arrastra hacia lo alto. El descenso de la bondad de Dios coge el árbol entero con todo su ramaje y lo introduce en el ascenso del Hijo, en la dinámica ascendente de su amor. El mundo se mueve desde la cruz hacia arriba, hacia la libertad y la vastedad de las promesas de Dios. La cruz crea una nueva dinámica: el giro eternamente vano en torno a lo siempre idéntico, el inútil movimiento circular del eterno retorno se interrumpe y abre. La cruz que desciende es como el anzuelo de Dios, con el que Él levanta el mundo entero hacia su altura. La orientación de la historia y de la vida humana no es más de giro sino de ascenso: ha recibido un hacia dónde. Se mueve con Cristo hacia las manos de Dios.

Pero ahora hay que preguntarse: ¿existe realmente todo esto? ¿O es una de las utopías, nunca realizadas, con que la humanidad procura consolarse de la inutilidad de su historia? ¿Hay alguna realidad detrás de la imagen? ¿Puede haber un mundo reconciliado que se haya convertido en el gran paraíso de la vida? Dos consideraciones pueden ayudarnos para formular una respuesta. El artista no ha escogido sin razón la imagen del mundo como viña de Dios que crece desde la cruz. Está pensando en la palabra de Cristo que dice: «Yo soy la vid, vosotros los sarmientos» (Jn 15,5). La cruz como vid nos remite del mosaico hacia abajo, al altar, sobre el cual el fruto de la tierra es transformado siempre de nuevo en el vino del amor de Jesucristo. En la Eucaristía crece la vid de Cristo a toda la anchura de la tierra. En su celebración universal, la vid de Dios se extiende sobre la tierra e incorpora la vida de la tierra en la comunión con Cristo. De ese modo, la imagen misma nos muestra el camino hacia la realidad: déjate incorporar en la vid de Dios, nos dice. Introduce tu vida en el árbol santo que crece siempre de nuevo desde la cruz. Conviértete en una rama suya. Introduce tu vida en la reconciliación que viene de Cristo y déjate arrastrar por él hacia lo alto.

Cuando se creó el mosaico del ábside de San Clemente no existía todavía la fiesta de Corpus Christi. Pero el sentido de este día está magníficamente representado en él. En efecto, el mosaico muestra cómo la Eucaristía abarca todo el mundo y lo transforma. La Eucaristía no pertenece solamente al ámbito de la Iglesia y a su comunidad cerrada. El mundo tiene que volverse eucarístico, habitar en la viña de Dios. Y justamente eso es la fiesta de Corpus Christi: celebrar la Eucaristía de forma cósmica, llevada como signo por nuestras calles y plazas, para que el mundo sane en virtud del fruto de la nueva vid, por el árbol de la vida de la cruz de Jesucristo, y reciba así reconciliación. En este sentido celebramos nosotros la fiesta. Su procesión es como un clamor dirigido a Dios en voz alta: ¡Cumple, Señor, tus promesas! Haz que tu vid crezca por toda la tierra y que se convierta para todos nosotros en un ámbito de vida reconciliada. Desintoxica el mundo mediante tu agua de la vida, mediante el vino de tu amor. No dejes que tu tierra sea destruida por el odio y por la pretenciosa sabihondez de los hombres. Tú mismo, Señor, eres el nuevo cielo, el cielo en que Dios es un ser humano. Regálanos la nueva tierra en la que nosotros, los hombres, lleguemos a ser ramas tuyas, tú, que eres el árbol de la vida, irrigadas por las aguas de tu amor y arrastrados en el movimiento ascendente hacia el Padre, ese movimiento que es el único progreso que todos esperamos.

La Porciúncula
(1 o 2 de agosto)

El significado de la indulgencia

Cuando uno se dirige hacia Asís desde el sur, lo primero con que se encuentra en la planicie que se extiende delante de la ciudad es con la majestuosa basílica Santa Maria degli Angeli, de los siglos XVI y XVII, con su fachada clasicista del siglo XIX. Para ser franco, esa iglesia me deja frío. Es casi imposible sentir la simpleza y humildad de san Francisco en esa construcción colocada allí con gesto grandilocuente. Pero lo que buscamos lo encontramos después en el centro de la basílica: una capilla medieval en la que antiguos frescos narran la historia de la salvación y la de san Francisco, que se ha desarrollado en parte en ese lugar. En el ambiente de la citada capilla, bajo y poco iluminado, sentimos algo del recogimiento y del sobrecogimiento ante la fe multisecular, que en este lugar halló refugio y orientación. En tiempos de san Francisco, el terreno circundante era un bosque. Era pantanoso y no estaba habitado. Francisco llegó a esta pequeña iglesia bastante en ruinas, que pertenecía a la abadía benedictina de Monte Subasio, en el tercer año después de su conversión. Del mismo modo como antes había restaurado con el trabajo de sus propias manos las iglesias de San Damiano y San Pietro, también lo hizo entonces con la iglesita de la Porciúncula, que estaba consagrada a Nuestra Señora de los Ángeles, en quien él veneraba a la Madre de toda Bondad. El decaído estado de esas diferentes iglesitas debía presentársele como un triste signo del estado de la Iglesia en general. Francisco no sabía aún que, con la restauración de esos espacios de culto, se estaba preparando para renovar a la Iglesia viva. Pero justamente en esa capilla le llegó el llamado definitivo que dio forma a su misión y fue la causa del surgimiento de la Orden de los Hermanos Menores, que, por supuesto, al comienzo no estaba pensada como una orden sino como un movimiento de evangelización que debía congregar nuevamente al pueblo de Dios para la segunda venida del Señor.

A Francisco le sucedió como en el siglo III a san Antonio de Egipto: escuchó en la liturgia el Evangelio del envío de los Doce por parte del Señor, que recibieron la tarea de anunciar el reino de Dios y debían para ello ponerse en camino sin posesión alguna y sin seguridades de este mundo. Al comienzo, Francisco no había entendido bien el texto, de modo que se lo hizo explicar expresamente por un sacerdote; entonces, le quedó claro: esta es mi misión. Se quitó los zapatos, conservó solo una túnica, y se puso en camino para anunciar el Reino de Dios y la penitencia. A partir de entonces se le fueron uniendo compañeros que, nuevamente como los Doce, iban de un lugar a otro y anunciaban el Evangelio, que para ellos, como para el mismo Francisco, significaba alegría por el nuevo comienzo, alegría por la conversión, por el coraje de la penitencia. La Porciúncula se había convertido para Francisco en el lugar en que finalmente había comprendido el Evangelio, porque ya no lo rodeaba más con teorías y explicaciones sino que ahora quería vivirlo al pie de la letra, y porque notaba que no eran palabras del pasado sino palabras pronunciadas de forma totalmente personal para él. Por eso entregó en la Porciúncula el hábito de la orden a santa Clara, y, al hacerlo, fundó la orden femenina que sostenía desde dentro con la oración la tarea evangelizadora de la rama masculina.

Porciúncula significa «pequeña porción», pequeño trozo de tierra. Francisco no quería tenerlo en propiedad, sino solo tomarlo en préstamo de los benedictinos para los suyos. Precisamente de ese modo, como edificio no propio, debía expresar lo propio y nuevo de su movimiento. Para su movimiento debían regir las palabras del salmo 16, que en la antigua alianza expresaban el destino especial de la tribu sacerdotal de Leví, a la que no pertenecía tierra alguna, sino cuya única tierra era Dios mismo: «La porción de mi herencia y de mi copa eres tú, oh Señor. En delicias me cayeron las medidas y mi herencia me place».

Como veíamos, la Porciúncula es en primer término un lugar, pero a través de Francisco de Asís se convirtió en una realidad del espíritu y de la fe que, de alguna manera, se afinca sensorialmente en el lugar y se convierte ella misma en lugar en que podemos entrar, pero con el que al mismo tiempo nos introducimos en la historia de la fe y de su fuerza siempre eficaz. Que la Porciúncula no recuerde solamente una gran historia de conversión del pasado, que no represente una mera idea, sino que nos introduzca todavía hoy en la relación viva que existe entre penitencia y gracia, tiene que ver esencialmente con la llamada Indulgencia de la Porciúncula y que más correctamente se llama «Perdón de la Porciúncula». ¿Qué hemos de imaginarnos basándonos en ese nombre? Según una tradición surgida, por supuesto, solo a fines del siglo XIII, Francisco de Asís visitó en julio del año 1216 al recientemente elegido papa Honorio III en la cercana ciudad de Perugia para presentarle una inusual petición: que a todos aquellos que acudieran a la iglesita de la Porciúncula, el Papa tuviese a bien concederles que, después de haber confesado sus pecados y haberse arrepentido de ellos, recibiesen el perdón completo de las culpas y penas que tuviesen de toda su vida precedente.

El cristiano de hoy se preguntará qué significará un perdón semejante, cuando de todos modos se están presuponiendo el arrepentimiento y la confesión. Para entenderlo hemos de tener claro que, en ese tiempo, y a pesar de las modificaciones que habían sufrido, seguían actuando todavía elementos esenciales de la disciplina penitencial de la Iglesia antigua.

Dentro de ella regía la convicción de que, después del bautismo, el perdón no podía garantizarse sin más con el acto de la absolución, sino que –como ya antes, en la preparación al bautismo– exigía una verdadera transformación de vida, una elaboración interior del mal cometido. El acto sacramental debía estar asociado a un acto existencial con una elaboración real de la culpa, elaboración que se denomina precisamente «penitencia». El perdón no significa que tal proceso existencial sea prescindible, sino que conserva un sentido y es asumido.

En tiempos de san Francisco se había popularizado como forma principal de esta penitencia dispuesta por la Iglesia en el contexto del perdón de los pecados la imposición de una gran peregrinación: a Santiago, a Roma, y en especial a Jerusalén. El largo, peligroso y fatigoso camino a Jerusalén podía convertirse realmente para muchos en un camino interior, pero tenía también un efecto muy práctico, a saber, que las resultantes donaciones en Tierra Santa se habían convertido en la fuente más importante para el sostenimiento de la Iglesia y de los cristianos del lugar. No cabe asumir irreflexivamente una actitud negativa ante esta práctica. La penitencia adquiría con ella también un componente social concreto. Ahora bien, si, como relata la tradición, Francisco pide que todo esto pueda realizarse a través de una visita de oración al lugar santo de la Porciúncula, estaba introduciéndose realmente algo nuevo: una cancelación de deuda, una «indulgencia», algo que tenía que modificar necesariamente toda la práctica penitencial. Se puede entender perfectamente que los cardenales estuviesen disgustados por la concesión de esta petición por parte del Papa y preocupados por la atención de las necesidades de Tierra Santa, de modo que el perdón de la Porciúncula se limitó primeramente a *un* día al año, el 2 de agosto, día de la dedicación de la pequeña iglesia.

Pero cabe preguntarse: ¿podía el Papa hacerlo así, tan simplemente? ¿Puede un Papa dispensar de un proceso existencial como el que constituía el contenido de la penitencia de la Iglesia? Por supuesto que no. Lo que representa una exigencia interior de la existencia humana no puede hacerse prescindible por medio de un acto jurídico. No se trataba de eso. A Francisco, que había descubierto a los pobres y la pobreza, le importaban en su petición esos hombres sencillos y agobiados, que carecían de los medios o de las fuerzas para peregrinar a Tierra Santa, esos hombres que no podían dar nada que no fuese vivir su fe, su oración, su disponibilidad y su pobreza a partir del Evangelio. En ese sentido, la indulgencia de la Porciúncula es la penitencia de los agobiados, a quienes su vida ya les impone suficiente penitencia. Ahora bien, no cabe duda de que con ella se asociaba en general una interiorización de la idea de la penitencia, aunque, por supuesto, no es que faltara así sin más la necesaria expresión sensible, puesto que seguía requiriéndose la peregrinación a la sencilla y humilde iglesia de la Porciúncula, que en todo momento debía ser también un encuentro con la radicalidad del Evangelio, una experiencia que Francisco había asimilado en ese lugar. Es innegable que con la figura de la indulgencia que aquí estaba tomando forma paulatinamente se vinculaba asimismo el peligro del abuso, como nos lo demuestra de forma suficientemente drástica la historia. Pero si al final solo quedaran en la memoria los abusos, habríamos caído en una desmemoria y una superficialidad con que nos perjudicamos sobre todo a nosotros mismos: como siempre, lo grande y puro es más difícil de ver que lo tosco y vil.

Como es natural, no puedo extenderme aquí a exponer todo el tejido de experiencias y conocimientos que se desarrolló a partir del acontecimiento de la Porciúncula. Solo quisiera tratar de extraer de él los hilos esenciales. Tras la concesión de esta indulgencia especial se dio pronto otro paso en el desarrollo. Justamente a los hombres de fe sencilla y humilde se les planteó la pregunta: ¿por qué solo para mí? ¿No puedo acaso, al igual que en el ámbito de lo material, traspasar a otros lo que he recibido como regalo en el ámbito espiritual? La idea se orientaba sobre todo hacia las almas del purgatorio, a las personas que estaban cerca de uno, que lo habían precedido a uno en su partida al otro mundo y cuyo destino no podía serle a uno indiferente. Se sabía de las debilidades y faltas de los propios seres queridos, bajo las cuales tal vez se había sufrido. ¿Por qué no habría uno de preocuparse por ellos? ¿Por qué no intentar hacerles el bien más allá de la tumba, acompañarlos y acudir en lo posible en su ayuda en el peligroso viaje del alma hacia el más allá?

En este punto se halla en juego un sentimiento radical y primordial de la humanidad que se ha expresado de múltiples maneras a lo largo de la historia entera de la humanidad en los cultos a los ancestros y a los muertos. La fe cristiana no ha declarado esto como falso sin más, sino que lo ha purificado y lo ha hecho aparecer en su sentido correcto. «Si vivimos, para el Señor vivimos, y si morimos, para el Señor morimos. Así pues, tanto en vida como en muerte pertenecemos al Señor» (Rom 14,8). Eso significa que la verdadera frontera ya no es la muerte, sino la pertenencia o no pertenencia al Señor. Si le pertenecemos, estamos juntos a través de Él y en Él. Por eso –y esta era la lógica exigencia– hay un amor que trasciende la frontera de la muerte. Por eso, la pregunta de si se podía traspasar algo de la fuerza regalada del perdón también al más allá recibió una respuesta positiva: se podía *per modum suffragii,* en la modalidad del sufragio. La oración por los difuntos, que tenía vigencia desde siempre en la Iglesia, recibió así un nuevo empuje. Y esa promesa fue la que, más allá de todos los abusos y malentendidos, hizo que la indulgencia se convirtiera en una gran invitación a la oración. En este punto tengo que agregar que la indulgencia, originalmente vinculada al lugar de la Porciúncula, fue extendida con el correr del tiempo primero a todas las iglesias franciscanas y, finalmente, a todas las iglesias parroquiales para el día 2 de agosto. De mi juventud recuerdo el día de la Porciúncula como una jornada de gran interioridad, de recogimiento en la recepción de los sacramentos y de oración en el recuerdo. En la plaza situada delante de nuestra iglesia parroquial reinaba ese día un silencio peculiarmente solemne. Sin cesar entraban y salían personas de la iglesia. Se sentía que el cristianismo es gracia y que a ella se tiene acceso en la oración. Con total independencia de las teorías de la indulgencia, el día de la Porciúncula se había transformado a nivel mundial en un día de fe y de una serena y silenciosa certidumbre en la confianza, de una oración que tenía especial certeza de ser escuchada, de una oración sobre todo por los muertos.

Sin embargo, con el tiempo se desarrolló una idea que hoy en día podrá parecernos inicialmente extraña, pero que aun así encierra una verdad importante. Cuanto más se entendió la indulgencia como una intercesión por los demás, tanto más fue desplazándose hacia el primer plano otro pensamiento que fundamentó teológicamente esta nueva forma y que, al mismo tiempo, le dio desarrollo. La oración dirigida hacia el otro mundo trajo consigo espontáneamente la idea de la comunión de los santos y del intercambio espiritual de bienes. Me preguntarán qué quiere decir esto. ¿No se trata acaso de un mercantilismo religioso sin sentido alguno? La pregunta se agudiza si traigo a colación el hecho de que, realmente, se hablaba de un tesoro de la Iglesia consistente en las buenas acciones de los santos. ¿Qué puede ser se-semejante cosa? ¿No debe responder cada uno por sí mismo? ¿En qué sentido me conciernen las eventuales buenas obras de otras personas? Preguntamos de ese modo porque, a pesar de todas las ideas socialistas, seguimos viviendo inspirados por el estrecho individualismo de la Edad Moderna. En realidad, sin embargo, ningún ser humano esta encerrado en sí mismo. Todos vivimos unos de otros, no solo en lo material sino también en lo espiritual y en lo moral. Aclarémoslo primero desde una perspectiva negativa. Hay personas que no solo se destruyen a sí mismas sino que corrompen también a otros y dejan tras de sí fuerzas destructivas que afectan negativamente a generaciones enteras. Pensemos en los grandes líderes negativos del siglo XX y nos daremos cuenta de cuán real es esto. La negación de unos se convierte en una enfermedad contagiosa que arrastra a los demás. Pero, gracias a Dios, este hecho no se da solo en lo negativo. Hay personas que, por decirlo así, dejan tras de sí un superávit de amor, de sufrimiento llevado y superado, de pureza y de verdad, un superávit que alcanza y sostiene también a otras personas. Realmente existe la representación vicaria en lo más íntimo de la existencia. El misterio entero de Jesucristo se basa en ella.

Ahora bien: en efecto, se puede decir que tal cosa existe. Pero el superávit del amor de Cristo es suficiente, no hace falta nada más. Él solo redime, y todo lo demás sería una arrogación indebida, como si con nuestra finitud pudiésemos agregar algo a la infinitud de su amor. Es verdad, pero no lo es del todo. Porque la grandeza del amor de Cristo implica también que Él no nos deja en la condición de receptores pasivos, sino que nos incorpora a su actuación y su sufrimiento. El célebre texto de la Carta a los colosenses lo dice: «Voy completando en mi carne lo que falta a las tribulaciones de Cristo en favor de su cuerpo» (Col 1,24). Pero querría hacer referencia todavía a otro texto del Nuevo Testamento en el que, según me parece, se expresa esto de una forma magnífica. El Apocalipsis de Juan habla de la esposa, la Iglesia, en la que se representa en general a la humanidad redimida. Mientras que la ramera Babilonia aparece vestida con adornos jactanciosos y con todo lo caro y dispendioso, la esposa solo lleva una vestidura sencilla de lino blanco –por supuesto, hecho de tela de lino fino *byssus*, especialmente puro y resplandeciente, muy precioso–. Sobre esa vestidura dice el texto: «El lino significa las obras buenas del pueblo santo» (19,8). En la vida de los santos se teje el lino blanco resplandeciente que es la vestidura de la eternidad.

Pero hablemos sin imágenes: en el ámbito espiritual, todo pertenece a todos. No hay propiedad privada. Lo bueno del otro se hace mío, y lo mío se hace suyo. Todo viene de Jesucristo, pero como pertenecemos a Él, también lo nuestro se hace suyo y adquiere fuerza de redención. Esto es lo que se quiere significar con la expresión del tesoro de la Iglesia, de las buenas obras de los santos. Rezar la indulgencia significa entrar en esa comunión espiritual de bienes y ponerse a disposición de ella. El giro en el concepto de penitencia que se inició en la Porciúncula ha llevado de manera consecuente a este punto: tampoco en lo espiritual vive nadie para sí mismo. Y la preocupación por la salvación de la propia alma solo se liberará del miedo y del egoísmo si se convierte en pre-ocupación por la salvación de los demás. De ese modo, la Porciúncula y la indulgencia allí surgida es un encargo: el de colocar la salvación del otro por encima de la mía y, jus-tamente de ese modo, encontrarme también a mí mismo. No preguntar más: ¿me salvaré?, sino: ¿qué quiere Dios de mí a fin de que otros se salven? La indulgencia remite a la comunión de los santos, al misterio de la representación vicaria, a la oración como camino hacia la unificación con Cristo y con sus sentimientos. Él nos invita a intervenir en el tejido de la vestidura blanca de la nueva humanidad, que, justamente en su sencillez, es la verdadera belleza.

Con la indulgencia sucede por fin como con la iglesia de la Porciúncula: del mismo modo como no-sotros tenemos que atravesar la frialdad un tanto cho-cante del gran edificio para encontrar, en el centro de la misma, la humilde iglesita que toca nuestro cora-zón, así también tenemos que atravesar los tortuosos caminos de la historia y de las ideas teológicas hasta lo totalmente simple: hasta la oración con que nos deja-mos caer en la comunión de los santos a fin de obrar con ellos en el acrecentamiento del superávit del bien frente a la aparente omnipotencia del mal, sabiendo que, en última instancia, todo es gracia.

Vacaciones

PONERSE EN BÚSQUEDA

Una de las manifestaciones más curiosas de nuestra civilización moderna es la reaparición del elemento nómada: cada fin de semana, columnas enteras de vehículos salen de las ciudades, los mismos que, al caer la tarde del domingo, se encaminan nuevamente a sus lugares de partida por carreteras desesperantemente atascadas. Cuando comienzan las vacaciones, esos movimientos se convierten en auténticas migraciones de pueblos: toda una nación parece hallarse de viaje. La carretera es uno de los lugares de residencia más frecuente de los hombres en los llamados países altamente desarrollados, y las inversiones que se realizan continuamente en este ámbito son expresión de una disposición de alma que convierte a los hombres en itinerantes sin sosiego. Por eso se plantea la pregunta: ¿cuál es la razón de tal comportamiento?

Al parecer, los hombres no se sienten realmente en casa en sus viviendas; muchos abandonan su domicilio tan pronto y tan a menudo como pueden.

Su casa parece ser para ellos más la expresión de la prisión de la vida cotidiana que el lugar de cobijo en que se quisiera permanecer. Así las cosas, ciertamente podría decirse que en esa huida sobre ruedas se esconde una rebelión contra las presiones del mundo laboral y un ansia de libertad, de amplitud, de aquello totalmente diferente en lo cual se puede llegar por fin a sí mismo de forma libre y creadora. En tal sentido, en esta periódica migración de pueblos de la sociedad industrial se pone de manifiesto algo muy profundo acerca del ser humano y de su esencia: el hombre no puede sentirse totalmente en casa en sus propias posesiones. Se ve agitado por una inquietud que reclama algo más y algo más grande. El hombre busca una libertad que supera las libertades civiles y sus realizaciones.

¿No se percibe en eso algo de la verdad de las palabras bíblicas que designan al ser humano como peregrino en este mundo y afirman que el hombre no puede encontrar su propio hogar solamente en el mundo? ¿No se reconoce en eso algo de aquella inquietud del corazón de la que habla Agustín, que se experimentó a sí mismo como buscador inquieto, que corría de un lado a otro sin descanso hasta que por fin comprendió por qué todo le resultaba demasiado poco? Puede que el automóvil –palabra compuesta por el elemento «auto», que proviene de una voz griega que significa «por sí mismo»– le parezca al nómada de hoy una expresión de su libertad y de su disposición de sí mismo, y por eso tan irreemplazable más allá de su utilidad práctica. Pero, el automóvil ¿le da al hombre su yo-mismo y su libertad, o lo mete nuevamente a la fuerza en el atasco de quienes solo giran en el vacío?

De ese modo, nuestras costumbres vacacionales podrían convertirse muy bien en una ocasión para reflexionar de nuevo a fondo sobre nosotros mismos y para ponernos en una búsqueda mayor de la que solemos arriesgar. ¿No sería en primer lugar este el viaje realmente apropiado para el hombre, el salir de la estrechez de la cotidianidad, ponerse en búsqueda del Eterno, buscar el rostro de Dios y, de ese modo, trascender todos los límites de lo terreno? ¿Y no podría ser que solo a partir de allí nos llegara al mismo tiempo libertad y cobijo?

Buscar la vida verdadera

En las excavaciones realizadas en el perdido mundo romano situado en el norte de África se descubrió en el siglo XIX en la plaza del mercado de Timgad en Argelia una inscripción del siglo II o III en la que aparecen las palabras: «cazar, bañarse, jugar, reír: eso es vida». Esta inscripción me viene cada año a la mente cuando se desplazan hacia el sur los torrentes de veraneantes... en busca de vida. Cuando en el futuro se desentierren alguna vez los anuncios de las empresas dedicadas al tiempo libre se podrá encontrar en ellos una imagen semejante de la vida. Al parecer, la mayoría de los seres humanos experimentan el año en la oficina, en la fábrica o en otro lugar de trabajo como una no-vida. En las vacaciones nos vamos para ser por fin libres, para por fin vivir. Bañarse, jugar, reír: eso es vida. Con esa promesa ante la mirada avanzan torturadas las caravanas de vehículos hacia el sur; si se trata de encontrar la vida, bien vale la pena poner a prueba la paciencia.

Esta esperanza de distensión, de libertad, de salir de las presiones y coacciones de la vida cotidiana, es sumamente humana. En las prisas del ajetreo del mundo técnico, tales pausas para respirar son simplemente necesarias. Sin embargo, dando esto por sentado, tenemos que admitir también que, entretanto, estamos teniendo problemas con nuestra libertad, con la libertad del tiempo libre. Está demostrado que la mayoría de los suicidios suceden en sábado o domingo, en el tiempo libre. Liberado del automatismo del mundo del trabajo, el hombre siente de pronto que, en realidad, no puede vivir. Constata que, a pesar de todo, bañarse, jugar y reír no son la vida. Cuanto más tiempo libre tenemos para vivir, tanto más se pone de manifiesto que no sabemos qué es vivir. La cuestión de llevar bien el tiempo libre, las vacaciones, comienza a convertirse en una ciencia *ad hoc*.

En este contexto me ha venido nuevamente a la memoria que Tomás de Aquino escribió un tratado expresamente dedicado a los medios contra la tristeza. Él parte de una frase tomada de los libros sapienciales de la Biblia: «Quien aumenta el saber, aumenta la tristeza» (Ecl 1,18). Esto se muestra con bastante nitidez en nuestro mundo técnico, que ha buscado en el progreso de la ciencia los medios para la salvación de la tristeza. Pero ¿qué medios aconseja Tomás? Habla a favor de su realismo el hecho de que presente también como tales medios el bañarse, el dormir y las distracciones. Como fundamentación alega que el bañarse y el dormir devuelven a la persona al recto estado de su movilidad vital y que cada buena disposición del cuerpo tiene un efecto retroactivo en el corazón como centro de los movimientos, tanto espirituales como corporales.

Así pues, hasta cierto punto Tomás coincide plenamente con la inscripción de Timgad y con lo que se encuentra en nuestros anuncios de vacaciones. Ahora bien, él no diría que eso ya es «vida», y que la búsqueda de la vida perdida alcance ya su objetivo con el bañarse, jugar, reír y dormir. Con un nivel más alto de exigencia, Tomás agrega que, entre las ayudas contra la tristeza, se cuenta el reunirse con amigos, que rompe la soledad como fundamento de nuestra insatisfacción: el tiempo libre debería ser sobre todo también tiempo libre del hombre y para el hombre.

Por último, para Tomás uno de los medios indispensables contra la tristeza es el trato con la verdad, es decir, con Dios: la contemplación, en que el hombre toca la verdadera vida. Si excluimos esta dimensión de nuestros programas de vacaciones, también el tiempo libre seguirá siendo un tiempo no libre. Entonces, seguramente nuestra búsqueda de la vida perdida quedará sin resultados. La búsqueda de Dios es la excursión de montaña más apasionante, el baño más revitalizador que el hombre pueda encontrar. Bañarse, jugar, dormir, todo ello forma parte de las vacaciones, y les deseo además mucho sol y descanso. Pero junto con Tomás de Aquino quisiera pedirles que incorporen en su programa de vacaciones también el encuentro con Dios, encuentro al que invitan asimismo nuestras bellas iglesias y la hermosa creación. Les deseo sobre todo también mucha alegría y, como fruto, un reponer fuerzas que siga actuando más allá de las vacaciones, en el diario vivir durante el año.

Poder descansar

Para el domingo decimoséptimo del tiempo ordinario (ciclo B del Leccionario dominical), el nuevo ordenamiento de las lecturas de la liturgia católica ha elegido un Evangelio que nos muestra cómo ya los discípulos de Jesús se veían expuestos al problema del estrés y del descanso (Mc 6, 30-34). Los apóstoles regresan de su primer envío y están totalmente henchidos de cuanto han vivido y logrado. No terminan de explicar sus éxitos y, de hecho, se genera en torno a ellos un movimiento tal que ya no tienen tiempo ni siquiera para comer, por el constante ir y venir de personas. Tal vez esperan ser alabados por su celo, pero, en lugar de ello, Jesús los invita a retirarse con él a un lugar solitario donde estén solos a fin de descansar.

Creo que hace bien ver en una circunstancia como esta la humanidad de Jesús, que no siempre pronuncia palabras de grandeza sublime y no se agota sin cesar para despachar cuanto se agolpa junto a él. Casi puedo imaginarme su rostro cuando les dice esas palabras. Mientras que los apóstoles directamente se desviven, dejan hasta la comida de tanto celo y sentimiento de importancia, Jesús los baja de la nube en que se encuentran. ¡Ahora, descansad un poco! Se nota en sus palabras un callado humor, la ironía amigable con la que los hace poner de nuevo los pies en la tierra. Justamente en esta humanidad de Jesús se hace visible su divinidad, se ve cómo es Dios. Cualquier ajetreo, también el religioso, es del todo ajeno a la imagen que el Nuevo Testamento tiene del hombre. Cada vez que creemos ser totalmente imprescindibles, cada vez que pensamos que el mundo o la Iglesia dependen de nuestra acción incansable, estamos sobrevalorándonos. A menudo será un acto de recta humildad y de sinceridad de criaturas el poder cesar en los quehaceres, reconocer nuestros límites, tomarnos el espacio de respiro y de descanso como está pensado para el hombre como criatura. No quisiera entonar aquí una alabanza de la desidia, pero sí abogar a favor de cierta revisión del catálogo de las virtudes como ha sido elaborado en el mundo occidental: solo el trabajar se considera una actitud sostenible; el contemplar, el asombrarse, el recogimiento, el silencio, parecen insostenibles, o por lo menos, necesitados de una disculpa. De ese modo atrofiamos las fuerzas esenciales del ser humano.

El hecho de que así es puede observarse en el movimiento que se registra en nuestro tiempo libre. A menudo, este implica solo un cambio de escenario, y muchos no se sentirían bien si no volvieran a sumergirse en la masa y en su agitación, la misma de la que querían huir. A todo esto, sería muy necesario para nosotros, que vivimos en un mundo artificial de cosas fabricadas por nosotros mismos, salir de ello y buscar el encuentro con la creación en su estado prístino.

Quisiera mencionar aquí un suceso insignificante pero significativo que el Santo Padre [Juan Pablo II, cuando era aún cardenal] relató en las pláticas de los ejercicios espirituales que dictó para Pablo VI. Allí menciona sus conversaciones con un científico, «eminente estudioso y hombre de gran rectitud», que le dijo: «Desde el punto de vista de mi ciencia y de su método, yo soy ateo»; pero el mismo hombre le escribió en una ocasión: «Siempre que me encuentro ante la majestad de la naturaleza, de las montañas, ¡siento que Él existe!».[12]

Una vez más: en el mundo artificial de las cosas fabricadas por nosotros mismos, Dios no aparece. Por eso, aún necesitamos más salir de nuestro ajetreo, buscar el hálito de la creación a fin de que lo encontremos a Él y, de ese modo, podamos reencontrarnos a nosotros mismos.

FRANCISCO DE ASÍS
(4 de octubre)

La preocupación
por la creación de Dios

Entre los nombres que figuran en el calendario de los santos de la Iglesia católica, Francisco de Asís ocupa un puesto sobresaliente. Cristianos y no cristianos, creyentes y no creyentes lo aprecian. De él dimana una jovialidad y una paz que lo colocan más allá de muchos antagonismos que, de otro modo, parecen irreconciliables. Como es natural, las diferentes generaciones han proyectado también de forma variada en la figura de Francisco sus propios sueños acerca de la persona humana buena. En un tiempo que comenzaba a hastiarse de los conflictos entre las confesiones, Francisco se presentó como el representante de un cristianismo meta-confesional que dejaba atrás la enojosa carga de una historia difícil y comenzaba simplemente de nuevo en el Jesús de la Biblia. Posteriormente se lo consideró como representante del romanticismo del movimiento juvenil *Wandervogel* y se lo reinterpretó como una suerte de soñador naturalista. El hecho de que hoy en día se vea a Francisco de una forma a su vez nueva se relaciona con dos temas que marcan en general la conciencia de las personas en las naciones industrializadas: por una parte, el miedo ante las inabarcables consecuencias del progreso técnico y, por otra, la mala conciencia que tenemos por nuestro bienestar material frente al hambre en el mundo. Es así como fascina en Francisco su resuelta negativa al universo de la posesión de bienes materiales y su amor no afectado la creación, los pájaros, los peces, el fuego, el agua, la tierra. Francisco aparece así como patrón de los que protegen el medio ambiente, como líder de la protesta contra una ideología que solo se orienta hacia la producción y el crecimiento, como el abogado de la vida sencilla.

En todas estas imágenes de Francisco hay algo verdadero; en todas ellas se mencionan problemas que tocan el meollo mismo de la condición humana. Pero si se mira con más detalle a Francisco, su figura introducirá en todos los casos una corrección en nuestras posturas. No nos confirma así sin más; es mucho más exigente de lo que quisiéramos reconocer y, con esa exigencia, nos conduce a la exigencia de la verdad misma. De ese modo, no podemos encarar y superar, por ejemplo, el problema de la división entre los cristianos huyendo simplemente de la historia y creándonos nuestro propio Jesús.

Algo semejante vale para las demás cuestiones. Consideremos la cuestión del medio ambiente. En este punto quisiera contar antes que nada una pequeña historia. Francisco pidió al hermano que cuidaba el huerto que «no destinase toda la tierra para hortalizas comestibles, sino que dejara un trozo de tierra para plantas frondosas, que en su momento produjera flores para los hermanos, por amor de quien se llama *Flor del campo y lirio de los valles*» (Cant 2,1). Del mismo modo quería que se dispusiera siempre un rincón especialmente bonito para que, al ver las flores, los hombres se entusiasmaran en todo instante para la alabanza divina, «pues toda creatura pregona y clama: "¡Dios me ha hecho por ti, oh hombre!"» (*Espejo de perfección*, XI. 118, citado según la edición de Antonio Guerra). En esa historia no se puede dejar de lado sin más trámite lo religioso como asunto superado, para asumir solamente el rechazo del vil utilitarismo y la conservación de la variedad de las especies. Si eso se quiere, se está haciendo algo totalmente distinto de lo que hacía y quería Francisco. Pero, sobre todo, en esta historia no se percibe nada de resentimiento contra el hombre como supuesto perturbador de la naturaleza, resentimiento que hoy resuena en tantos discursos a favor de la naturaleza. Si el hombre se disloca y ya no se aprecia a sí mismo, la naturaleza no puede prosperar. Muy por el contrario: el hombre tiene que estar en coincidencia consigo mismo; solo entonces puede entrar en coincidencia con la creación, y ella con él. Pero solamente podrá alcanzar esto mismo si se halla también en coincidencia con el Creador, que ha querido la naturaleza y nos ha querido a nosotros. El respeto por el hombre y el respeto por la naturaleza forman una unidad, pero ambos únicamente podrán prosperar y encontrar su norma propia si respetamos en el hombre y en la naturaleza al Creador y a su creación. Solo desde él pueden unirse hombre y naturaleza. Ciertamente no recuperaremos el equilibrio perdido si nos negamos a avanzar en este punto. Por eso tenemos motivos más que suficientes para dejar que Francisco de Asís nos llame a la reflexión y nos acompañe en el camino.

TODOS LOS SANTOS
(1 de noviembre)

A LOS PIES DE LA BASÍLICA DE SAN PEDRO

La plaza del Campo Santo Teutónico, del cementerio alemán en Roma, perteneció en otro tiempo al circo de Nerón, que llegaba hasta la actual plaza de San Pedro. Este es el lugar donde murieron por Cristo los primeros mártires de Roma. Nerón hizo de la muerte un espectáculo mandando encender a unos como antorchas vivientes, ordenando coser a otros en pieles de animales y lanzándolos a los perros salvajes, que los desgarraban. Muy cerca queda también el cementerio en que fue enterrado Pedro y del cual puede observarse ahora una gran parte debajo de la basílica de San Pedro. El lugar en que Nerón realizó su macabro juego con la muerte se ha convertido para los cristianos en un lugar santo: el tirano acabó suicidándose, pero también tuvo su ocaso el Imperio romano, supuestamente indestructible. La fe de los mártires, la fe de Pedro sobrevivió a los tiranos y al Imperio romano. Esa fe demostró ser la fuerza que en medio de todo ocaso estaba en condiciones de construir un nuevo mundo.

Hacia el año 800, los francos, por entonces la potencia predominante de Occidente, fundaron aquí un cementerio en que daban sepultura a sus compatriotas peregrinos en Roma. No es difícil adivinar lo que llevó a los francos a esta iniciativa: la tumba de Pedro no era una tumba común. Era el testimonio del poder superior de Jesucristo, que se extiende más allá de la muerte. De ese modo, se erige aquí sobre la muerte un signo de esperanza: quien se hace enterrar en este lugar, se sostiene en la esperanza, en la fe victoriosa de Pedro y de los mártires. La tumba de Pedro habla, como toda tumba, del carácter ineludible de la muerte, pero habla sobre todo de la resurrección. Nos dice que Dios es más fuerte que la muerte y que quien muere en Cristo muere introduciéndose en la vida. Se quería tener la sepultura en la cercanía de Pedro, en la cercanía de los mártires, a fin de estar en buena compañía en la muerte y en la resurrección. El que aquí se hacía enterrar se asociaba así a los santos y al poder salvador de Jesucristo. La comunión de los santos abarca la vida y la muerte: a ella nos asimos precisamente al morir a fin de no caer en el vacío, a fin de que los santos nos arrastren hacia lo alto, a la verdadera vida, a fin de no estar solos ante el juez, sino en su compañía, y poder así, por esa compañía, salir airosos en la hora del juicio.

De ese modo, el cementerio, el lugar de la tristeza y de la caducidad, se ha tornado en un lugar de esperanza. Quien se hace sepultar aquí dice, al hacerlo: creo en ti, Jesucristo resucitado. De ti me sostengo. No vengo solo, en la mortal soledad de quien no ha podido amar:

vengo en la comunión de los santos, que tampoco en la muerte me abandona. Esta transformación del lugar de la tristeza en un lugar de la esperanza puede verse también en la forma exterior de este cementerio, como en general de los cementerios cristianos: flores y árboles lo adornan, y lo decoran signos de amor y vinculación. Es como un jardín, un pequeño paraíso de paz en un mundo sin paz y, así, un signo de nueva vida.

Cementerio como lugar de esperanza: esto es lo cristiano. Esto es fe de los mártires aplicada, fe en la resurrección aplicada. Pero tenemos que añadir lo siguiente: la esperanza no suprime sin más la tristeza. La fe es humana y es sincera. Nos proporciona un nuevo horizonte, la vista grande y consoladora hacia la amplitud de la vida eterna. Pero al mismo tiempo nos deja en el lugar en que estamos. No necesitamos reprimir la tristeza, la asumimos; y, a través de esa vista hacia la amplitud, se transforma lentamente y nos purifica también a nosotros, nos hace más clarividentes para el hoy y el mañana. Era algo muy humano que, en el pasado, la liturgia dejara fuera de la misa de difuntos el Aleluya y diera claramente un espacio de expresión a la tristeza. No podemos saltarnos sin más el ahora de nuestra vida. Solo asumiendo la tristeza podemos aprender a descubrir, en la tiniebla, la esperanza.

Estas realidades se expresan en la iglesia de este cementerio de una forma muy ilustrativa que se nos graba en la memoria. Está dedicada a la Virgen Dolorosa, en italiano a la *Madonna della Pietà*,

Nuestra Señora de la Piedad. ¿Quién habría creído más firmemente en la resurrección que María? ¿Quién habría tenido una esperanza más cierta que ella? Pero ella sufre: a pesar de su certeza de la resurrección, le duele la muerte, y el momento del Viernes Santo es para ella indeciblemente oscuro. María sufre como quien ama. Amando con Cristo, sufre con él. En la imagen del altar mayor de la iglesia se representa a María en el momento en que se inclina sobre el cuerpo exánime de su Hijo, sostenido por dos hombres. Su rostro está lleno de tristeza, pero también lleno de bondad.

El dolor proviene de la bondad y, por eso, es un dolor sin amargura, sin acusaciones. Por esa imagen nos dejamos consolar. De ella aprendemos que la tristeza, el dolor aceptado, nos hace más puros y maduros y nos ayuda a ver mejor la perspectiva de la vida: el dolor nos enseña a volvernos cada vez más hacia el Eterno y nos ayuda a sufrir con quienes sufren y a amar con ellos.

De ese modo, este cementerio nos trae un mensaje multiforme. Nos recuerda la muerte y la vida eterna. Pero nos habla justamente también de esta, nuestra vida presente, nuestra vida cotidiana. Nos alienta a pensar en lo perecedero y en lo imperecedero. Nos invita a no perder de vista los criterios y la meta. No cuenta lo que tenemos: cuenta lo que somos *ante Dios y para los hombres*. El cementerio nos invita a vivir de tal manera que no quedemos fuera de la comunión de los santos. Nos invita a buscar y a ser en la vida lo que puede perdurar en la muerte y en la eternidad.

TODOS LOS FIELES DIFUNTOS
(2 de noviembre)

Las catacumbas de Roma:
lugares de la esperanza

Por la calle de las tumbas hemos caminado hasta el país del pasado: así describía en el siglo XIX Johann Jakob Bachofen, el gran investigador de culturas perdidas, el camino recorrido en su investigación científica. Desde que existen, los hombres se han ocupado de sus muertos y han intentado, a través de sus cuidados, darles una suerte de segunda vida. De ese modo, en el mundo de los muertos se ha conservado el mundo pretérito de quienes vivieron en otro tiempo; la muerte ha conservado lo que la vida no fue capaz de conservar. Cómo vivían los hombres, qué amaban, qué temían, qué esperaban y qué aborrecían... en ningún otro lugar podemos obtener toda esa información como en las tumbas, que nos han quedado como el espejo de su mundo. Y en ninguna otra parte experimentamos tan cercano y presente el cristianismo primitivo como en las catacumbas: cuando caminamos por sus oscuros pasillos es como si nosotros mismos hubiésemos transpuesto la línea de los tiempos y fuésemos observados por aquellos que conservaran en ese lugar su dolor y esperanza. ¿Por qué es así? Podrá haber muchos motivos, pero el motivo esencial es que la muerte nos incumbe hoy exactamente igual que entonces, y aunque muchas cosas de aquel entonces se nos hayan vuelto extrañas, la muerte sigue siendo la misma. En las inscripciones a menudo torpes dedicadas por padres a hijos o por esposos entre sí, en el dolor y en la confianza cierta, nos reconocemos a nosotros mismos. Más aún: ante la oscura pregunta de la muerte, todos buscamos un asidero que nos permita esperar, buscamos una indicación en el camino, un consuelo. Quien recorre las calles de las catacumbas se verá introducido en la solidaridad de todo el dolor humano que allí se expresa; pero, aun así, no podrá limitarse a captar solamente la melancolía de lo pasado: tan plenamente está empapada hasta el fondo esa melancolía por la certeza de la salvación. Esta calle de la muerte es en realidad un camino de esperanza; a quien lo recorre se le comunica irrecusablemente algo de la esperanza que habla aquí a través de todas las imágenes y de todas las palabras.

Por supuesto, con todo esto es bastante poco lo que se ha dicho sobre nuestra relación con la muerte. ¿Por qué tememos la muerte, en realidad? ¿Por qué la humanidad no ha podido creer nunca que, detrás de ella, simplemente no viene nada más? Hay muchas razones. Tenemos miedo de la muerte ante todo porque tenemos miedo de la nada, de salir a lo completamente desconocido. Nos rebelamos contra ella porque no podemos creer que tantas cosas grandes y llenas de sentido que han crecido a lo largo de una vida deban precipitarse de repente en la nada. Nos resistimos a ella porque el amor reclama eternidad y porque no podemos aceptar la destrucción del amor que la muerte trae consigo. Le tememos porque nadie es capaz de sacudirse el sentimiento de que habrá un juicio ante cuya cercanía se levanta en su desnuda fealdad todo lo fallido de nuestra vida, todo eso que, de otro modo, tan presurosos intentamos reprimir. La pregunta por el juicio ha estampado su sello en la cultura funeraria de todas las épocas. El amor que rodea al difunto debe protegerlo; el hecho de que lo acompañe tanta gratitud no puede quedar sin efectos en el juicio —así pensaban y siguen pensando los hombres—.

Pero en la actualidad nos hemos vuelto racionales —así lo creemos, por lo menos—. No nos arriesgamos a lo aproximado: deseamos algo determinado. Por eso no se quiere dar respuesta a la pregunta de la muerte a la manera de la fe, sino con conocimientos empíricos, verificables. Fue así como, hace un tiempo, los relatos sobre personas clínicamente muertas se convirtieron en una lectura predilecta de estética horripilante, una afición que, por supuesto, está de nuevo en decadencia. La tranquilidad que tal lectura transmitía no resiste mucho tiempo. Podrá resultar muy entretenido estar suspendido durante unas horas por encima de sí mismo en alguna parte de la habitación y mirar desde lo alto con jovial emoción el propio cadáver y a los entristecidos deudos, pero seguramente no es posible ocuparse en ello durante toda una eternidad. Entretanto, en la búsqueda de lo empírico se está cayendo de nuevo en lo plenamente arcaico, buscando en el espiritismo disfrazado en formas más o menos científicas el contacto con el mundo situado más allá de la muerte. Pero también allí las perspectivas son sombrías. Pues lo que se puede encontrar son solo duplicados de nuestra vida en este mundo. ¿Y qué sentido tendría realmente deber existir de nuevo de este modo, pero sin lugar y sin fin? En realidad, se trata de una descripción exacta del infierno. Una segunda vida, un duplicado ya no limitado de la vida que hemos llevado hasta ahora sería de hecho una condenación para siempre. Nuestra vida terrena tiene su marco temporal, y de ese modo se la puede superar; eternamente sería imposible soportarla. Pero ¿qué nos queda, entonces? No deseamos la muerte, mas la vida que conocemos tampoco la queremos para siempre. ¿Es el hombre una contradicción en sí mismo, un error de la naturaleza?

Recorramos de nuevo los senderos de las catacumbas con estas preguntas en el corazón. Solo quien puede reconocer en la muerte una esperanza es capaz de vivir también la vida a partir de la esperanza. ¿Qué es lo que ha dado a los hombres que han dejado aquí los testimonios cifrados de su fe la posibilidad de una confianza tan alegre, de una confianza que todavía hoy nos toca en la oscuridad de estos corredores subterráneos? Ante todo, tenían plenamente claro que el hombre, considerado por sí solo y reducido a lo empíricamente palpable, no alberga sentido alguno. También tenían claro que una mera prolongación indefinida de nuestra existencia actual sería absurda. Si ya en esta existencia temporal el aislamiento es mortífero y solo la existencia en relación, el amor, es capaz de sostenernos, entonces la vida eterna solo puede tener sentido en una totalidad completamente nueva del amor que trascienda toda temporalidad. Como los cristianos de entonces sabían esto, veían también que el hombre solo es comprensible si existe Dios. «Si existe Dios»: para ellos este «si» no era más un «si» condicional, y solo allí está la solución. Dios había salido de su ignota lejanía y había entrado en su vida en aquel que había dicho: «Yo soy la resurrección y la vida» (Jn 14,6). El temor del juicio se veía alcanzado y penetrado por la luz proveniente de aquellas palabras que Jesús había dicho desde su propia cruz al criminal crucificado a su lado: «Hoy estarás conmigo en el paraíso» (Lc 23,43). Y sobre todo: Él había resucitado y había dicho: «En la casa de mi Padre hay muchas moradas [...] voy a preparar un lugar para vosotros» (Jn 14,2). Dios ya no era un lejano «si» condicional: estaba ahí. Realmente existía. Se había manifestado y era accesible.

Y entonces todo lo demás se resolvió por sí solo. Pues si existe Dios y si ese Dios ha querido y quiere a los hombres, queda claro que su amor puede lo que el nuestro en vano pretende: conservar en vida al ser amado más allá de la muerte. Nuestros cementerios, con sus signos de afecto y fidelidad, son propiamente intentos del amor de retener de alguna manera al otro, de darle todavía un poco de vida. Y un poco del otro sigue viviendo realmente en nosotros, aunque no él mismo, sino algo suyo. Dios puede retener más: no solo ideas, recuerdos y repercusiones, sino a cada uno en su propio ser. De ese modo, para los cristianos adquirieron también sentido los intentos realizados por la filosofía antigua. Esta había dicho: si quieres permanecer más allá de la muerte, debes hacer lo posible por absorber en ti mucho de las realidades eternas: la verdad, la justicia, el bien. Cuanto más tengas de lo eterno, tanto más quedará de ti, tanto más permanecerás tú. O mejor dicho: debes apegarte tú mismo a esa realidad eterna, de modo que le pertenezcas y participes de su eternidad. Apegarse a la verdad y pertenecer de ese modo a lo indestructible es algo que, a partir de ahora, se hará totalmente real y cercano: apégate a Cristo, que Él te llevará a través de la noche de la muerte que Él mismo atravesó. De ese modo adquiere sentido la inmortalidad, que ya deja de ser una reduplicación sin fin de la vida actual y se convierte en algo totalmente nuevo, pero, realmente, *nuestra* eternidad: ser en las manos de Dios y, de ese modo, ser uno con todos los hermanos que Él nos ha creado, uno con la creación. Esta es la verdadera vida hacia la cual miramos ahora solo desde la niebla. Sin respuesta a la pregunta por Dios, la muerte sigue siendo un enigma cruel, y cualquier otra respuesta conduce a la contradicción. Pero si Dios existe, el Dios que se nos ha mostrado en Jesucristo, entonces hay vida eterna, y entonces también la muerte es un camino de esperanza.

Esta nueva experiencia es la que da a las catacumbas su cuño especial. Aun cuando las imágenes hayan sufrido deterioro o hayan empalidecido a causa de la inclemencia de los tiempos, nada han perdido a lo largo de los siglos del brillo y, sobre todo, de la verdad de la esperanza de la cual han surgido. Allí están los jóvenes en el horno; allí esta Jonás, que es arrojado nuevamente a la luz desde el vientre del monstruo; allí esta Daniel en el foso de los leones, y muchos otros también. La imagen más hermosa es la del buen pastor, a cuya conducción uno puede confiarse sin temor porque él conoce también el camino a través de los valles sombríos de la muerte. «El Señor es mi pastor: nada me faltará [...] Aunque pase por en medio de las sombras de la muerte, no temeré ningún mal, pues tú estás conmigo» (Sal 22,1.4 [LXX]).

MISCELÁNEA

EL JUEGO Y LA VIDA:
SOBRE EL CAMPEONATO MUNDIAL DE FÚTBOL

Con su periodicidad de cuatro años, el Campeonato Mundial de Fútbol demuestra ser un acontecimiento que cautiva a cientos de millones de personas. No hay casi ningún otro acontecimiento en la tierra que alcance una repercusión de vastedad semejante. Lo que demuestra que con ello está tocándose algo radicalmente humano, y cabe preguntarse dónde se encuentra el fundamento de este poder de un juego.

El pesimista dirá que es lo mismo que en la antigua Roma. La consigna de las masas rezaba *panem et circenses,* pan y circo. Pan y juegos son, mal que nos pese, el contenido vital de una sociedad decadente que no conoce ya objetivos más elevados. Pero aun cuando se aceptara este juicio, no sería en modo alguno suficiente.

Cabría preguntar todavía: ¿en qué estriba la fascinación del juego como para que llegue a ocupar un lugar de igual importancia que el pan? Con la vista puesta en la antigua Roma podría responderse de nuevo que el grito de pan y circo es propiamente la expresión del anhelo por la vida del paraíso, por una vida de satisfacción sin fatigas y de libertad plenamente realizada. En efecto, este es, en última instancia, el contenido del concepto de juego: un quehacer del todo libre, sin objetivo y sin obligación, y un quehacer que, además, tensa y emplea todas las fuerzas del ser humano.

En este sentido, el juego sería entonces una suerte de intento de regreso al paraíso: salir de la esclavizante seriedad de la vida cotidiana y de sus cuidados por la vida a la seriedad libre de lo que no *necesariamente tiene* que ser y que, justamente por eso, es bello. Frente a ello, el juego trasciende en cierto sentido la vida cotidiana; pero, sobre todo en el niño, tiene aun antes otro carácter: es una ejercitación para la vida, simboliza la vida misma y, por decirlo así, la adelanta en una forma plasmada con libertad.

Según mi parecer, la fascinación del fútbol estriba esencialmente en que reúne esos dos aspectos de una forma muy convincente. Obliga al hombre ante todo a disciplinarse, de modo que, por el entrenamiento, adquiera la disposición sobre sí mismo, por tal disposición superioridad, y por la superioridad libertad. Pero después le enseña sobre todo también la cooperación disciplinada: como juego de equipo, el fútbol lo obliga a un ordenamiento de lo propio dentro del conjunto. Une a través del objetivo común; el éxito y el fracaso de cada uno están cifrados en el éxito y el fracaso del conjunto. Finalmente, el fútbol enseña un enfrentamiento limpio en que la regla común a la que el juego se somete sigue siendo lo que une y vincula aun en la posición de adversarios y, además, la libertad de lo lúdico, cuando se desarrolla correctamente, hace que la seriedad del enfrentamiento vuelva a resolverse y desemboque en la libertad del partido finalizado. En calidad de espectadores, los hombres se identifican con el juego y con los jugadores y, de ese modo, participan de la comunidad del propio equipo, del enfrentamiento con el otro, así como de la seriedad y de la libertad del juego: los jugadores pasan a ser símbolos de la propia vida. Eso mismo actúa retroactivamente sobre ellos: saben, en efecto, que las personas se ven representadas y confirmadas a sí mismas en ellos.

Naturalmente, todo esto puede pervertirse por un espíritu comercial que somete todo eso a la sombría seriedad del dinero, y el juego deja de ser tal para transformarse en una industria que suscita un mundo de apariencia de dimensiones horrorosas. Pero hasta ese mismo mundo de apariencia no podría subsistir si no existiese la base positiva que subyace al juego: el ejercicio preparatorio para la vida y la trascendencia de la vida hacia el paraíso perdido. No obstante, en ambas cosas hay que buscar una disciplina de la libertad; en la vinculación a la regla, ejercitar la acción conjunta, el enfrentamiento y el valerse por sí mismo. Si consideramos todo esto, tal vez podríamos aprender de nuevo la vida a partir del juego. En efecto, en él se hace visible algo fundamental: no solo de pan vive el hombre. Más aún: el mundo del pan es en definitiva solo el estadio preliminar de lo propiamente humano, del mundo de la libertad. Pero la libertad vive de la regla, de la disciplina que aprende el actuar conjunto y el correcto enfrentamiento, el ser independiente del éxito exterior y de la arbitrariedad, y de ese modo llega a ser verdaderamente libre. El juego, una vida: si profundizamos, el fenómeno de un mundo entusiasmado por el fútbol podría ofrecernos más que un mero entretenimiento.

Hace unos cuantos años se podía encontrar en muchas iglesias de la zona prealpina un cartel cuya indicación merece todavía hoy una reflexión. El cartel mostraba la imponente portada de la iglesia de Frauenchiemsee, con las dos cabezas de león en el pomo de la puerta, apostadas a modo de vigías a la entrada del santuario. En la imagen, la puerta está entreabierta: los leones vigilan, pero no impiden la entrada, que se halla en consonancia con el espíritu de esa casa de Dios. De ese modo, en la imagen la iglesia está abierta y, al mismo tiempo, protegida; el león que la vigila y a la vez franquea la entrada significa aquel respeto comunitario por lo santo que es más valioso que los cerrojos porque protege desde dentro.

Bajo esa protección, nuestras iglesias han podido permanecer abiertas a lo largo de los siglos, y nadie precisaba preocuparse por las cosas valiosas, que estaban expuestas constantemente a los ojos de todos. Hoy en día se intenta a través de fiestas callejeras que la cultura se haga pública y que sea nuevamente accesible a aquellas personas que no pueden o no quieren comprar entradas para el teatro o los conciertos. La forma más bella de una cultura pública y abierta a todo el mundo estaba dada hasta ahora por nuestras iglesias abiertas. Cuando a fines del siglo XIX uno de los pioneros del arte moderno quiso exponer sus cuadros no en un museo sino en la estación de trenes, olvidó que Occidente no necesitaba ese tipo de revolución proletaria, porque en la Iglesia se disponía desde hacía larguísimo tiempo y de una forma mucho más elevada de la casa común de la belleza, en la que el arte no es un privilegio de unos pocos ni expresión del pasado, sino presente vivo, centro comunitario de la vida que impulsa a todos e ilumina su existencia cotidiana. Hoy en día estamos por cierto en peligro de perder ese bien, y una pérdida tal es signo de un desplome de la dimensión espiritual que, en última instancia, corresponde a una precipitación de la cultura en la barbarie. Con creciente frecuencia el caminante de hoy se encuentra con las puertas de las iglesias cerradas. El león de la representación ya no es suficiente: lo ha reemplazado el cerrojo. El robo de obras de arte en nuestras iglesias se ha hecho en los últimos años cada vez más sistemático, y no raras veces lo cometen, basándose en catálogos de anticuarios, conocedores que se ocupan de conseguir las piezas buscadas. Lo que antes era un bien comunitario se convierte así en objeto decorativo privado; lo que era sagrado se convierte en trampantojo para la glorificación de sí mismo; lo que era presencia se transforma en juego con la cultura ya pasada.

La iglesia cerrada, dentro de la cual ha de protegerse ahora el patrimonio común, no es una respuesta con la que podamos quedarnos tranquilos. En efecto, significa que estamos capitulando ante ese contra-espíritu. Significa que la iglesia deja de ser lo que era antes y que perdemos el centro sagrado y comunitario de la vida en el que todos estamos abiertos unos a otros, en el que Dios y el mundo de los santos están abiertos; significa que la Iglesia capitula ante la ley de este tiempo, ante la mercantilización de todas las cosas, en la que solo existe el mercado y nosotros mismos terminamos siendo también mercancía. En el cartel mencionado se dice, por eso, traduciendo la imagen en palabras: «Ayudadnos a mantener abiertas nuestras iglesias como lugares de oración silenciosa».

Reinhold Schneider escribió en los atribulados días de la Segunda Guerra Mundial la siguiente frase: «Solo los orantes podrán lograr todavía detener la espada que pende sobre nuestras cabezas». Esta frase rige aquí de forma muy práctica: solo la presencia de los orantes puede proteger la iglesia desde dentro. Solo ellos pueden conservarla como iglesia abierta. El destino del edificio eclesiástico representa aquí el destino de la Iglesia viviente. La iglesia cerrada es expresión de una Iglesia que ya no puede ser abierta desde dentro porque ya no se halla a la altura del contra-espíritu del tiempo. En tal sentido, en este asunto no se trata en absoluto de una inquietud especial de los cristianos, sino de la posibilidad de una verdadera convivencia humana para todos nosotros. La expresión del cardenal Faulhaber de que la cultura del alma es el alma de la cultura se vuelve aquí una verdad totalmente tangible. Las iglesias cerradas y saqueadas deberían ser para nosotros alarmas que nos hagan volver a la cultura del alma antes de que sea demasiado tarde.

PAZ

La palabra «paz» se ha convertido muchas veces [a comienzos de la década de 1980] en una consigna de lucha que constituye el centro de los enfrentamientos políticos y morales de nuestra sociedad. Quien observe la escena que se ha suscitado de este modo tiene que horrorizarse: la lucha en torno a la paz se lleva a cabo no raras veces mediante la violencia contra personas y cosas. Con el llamamiento a la paz exterior se destruye visiblemente la paz interior.

Frente a estos hechos me llega cada vez con más fuerza y actualidad la oración de la liturgia romana, que dice: «Líbranos, Señor, de todos los males y concédenos la paz en nuestros días». Estas palabras siguen a la última petición del Padrenuestro: «[...] líbranos del mal». En la intención de Jesús, todo el peso del Padrenuestro estaba en la petición que se encuentra al comienzo: «Venga a nosotros tu Reino». Pero para los hombres, tal petición se encontró muy pronto demasiado alta y demasiado lejos. En virtud de su experiencia los acentos se desplazaron por sí solos: la petición que les era más propia pasó a ser la última, que ya no significaba simplemente líbranos del mal, del maligno, sino, con un significado más global, líbranos de todo mal: de la carga del pasado, de la pesantez del presente, de las perspectivas inquietantes del futuro. La conclusión del Padrenuestro se convirtió en el grito de todo el desamparo humano pidiendo salvación, cambio hacia lo que es mejor. La medida en que este desplazamiento de acentos dominaba a los cristianos puede verse en el hecho de que la liturgia romana, como también otras distintas liturgias, escogen precisamente esta petición, la desarrollan y la amplían haciendo de ella una oración del todo nueva. Muy probablemente, la última forma se la dio en el misal romano Gregorio Magno, que también agregó el clamor por la paz y, de ese modo, interpretó la petición de salvación del mal como petición por la paz. En el trasfondo se hace visible aquel tiempo agitado en que se confió a Gregorio ejercer su gobierno pastoral: Roma se había convertido en una ciudad de provincias carente de poder, sacudida incesantemente por los horrores de las guerras de las invasiones bárbaras, y que, en su temor, experimentaba la ausencia de paz como la quintaesencia de todos los males.

Como nuestra situación cada vez se asemeja más a la de Gregorio, esta oración se ha vuelto de nuevo muy actual. Entendida de este modo, la última petición del Padrenuestro es de nuevo y en un sentido muy especial nuestra petición. Pero si la pronunciamos, debería venirnos a la mente que, según la visión de Jesús, solo se trata propiamente de una variación de las peticiones primera y segunda: el mundo quedará liberado de los males de la falta de paz en la medida en que se torne en Reino de Dios, es decir, en la medida en que Dios reine en él y sus normas tengan vigencia en él. Solo así puede combatirse la falta de paz. Pero las normas de Dios solamente pueden hallarse vigentes si Dios está vivo en los hombres, si su realidad constituye para ellos la fuerza determinante de su vida. Y algo más tendríamos que considerar. El mal del que pedimos liberación en el sentido de Jesús es ante todo y en lo más profundo la pérdida de la fe. La incapacidad de creer en Dios y de vivir a partir de la fe es para Jesús el mal de todos los males. De él se sigue todo lo demás: el menosprecio de la dignidad humana, la destrucción de la confianza entre los hombres, la violencia, el dominio del egoísmo y la pérdida de la paz. La paz en la tierra no puede permanecer si Dios pierde su importancia entre los hombres. Por eso, el trabajo cristiano por la paz tiene que consistir sobre todo en hacer visible la escala de los valores y la escala de los males. El trabajo por la paz ha de ser una educación del hombre para aquella que hace posible la paz. Por eso tiene que ser educación para el Reino de Dios y para la santificación de su Nombre, sin la cual tampoco se da el respeto por la sacralidad de su imagen, que es el hombre. Por razón de su objetivo, el trabajo por la paz tiene que actuar especialmente en contra del mal del olvido de Dios, de la destrucción de la fe. Pues solo el reino de Dios es lo estrictamente opuesto a la guerra y la violencia; solo donde ese reino se aproxima puede crecer y perdurar la paz. Por eso, el trabajo de los cristianos por la paz incluye indispensablemente la oración «Líbranos del mal. Líbranos de todos los males y concédenos la paz en nuestros días».

Anexo

Notas

1. J. Green, *Ce qu'il faut d'amour à l'homme,* París, 1978, 117s.

2. El autor refiere una costumbre arraigada en las regiones católicas de Alemania, donde la figura de san Nicolás obispo, cuya celebración en el calendario tiene lugar el 6 de diciembre, está más profundamente arraigada en la tradición del Adviento que la derivada de «Santa Claus». *[N. del T.]*

3. L. Heiser, *Nikolaus von Myra. Heiliger der ungeteilten Christenheit,* Tréveris, 1978, 7.

4. T. Schnitzler, *Die Heiligen im Jahr des Herrn,* Friburgo de Brisgovia, 1979, 22.

5. Véase *Der kleine Pauly. Lexikon der Antike,* t. I, 297, véase también A.-G. Martimort, *La Iglesia en oración. Introducción a la liturgia. Nueva edición actualizada y aumentada,* Barcelona, Herder, 1987, 813; id., *L'Église en prière* IV, París, 1983, 103s.

6. Véase S. Cassidy, «Beten in Bedrängnis. Gebetserfahrungen in der Haft in Chile», en *Geist und Leben* 53 (1980) 81-91. Cita, 91.

7. Juan Pablo II, *Encíclica «Redemptor hominis»,* 16.

8. Popular cántico alemán de Adviento, texto de Georg Weissel (1590-1635), melodía de Johann Anastasius Freylingshausen (1670-1739), publicado en el *Geistreiches Gesang-Buch,* Halle, 1704. *[N. del T.]*

9. O, en el hemisferio sur, de noviembre. *[N. del T.]*

10. Alusión al conocido cántico alemán de Pasión *O Haupt voll Blut und Wunden [¡Oh, Cabeza ensangrentada y herida!],* texto de Paul Gerhardt (1607-1676) basado en el himno *Salve caput cruentatum,* atribuido tradicionalmente a san Bernardo de Claraval, música adaptada de una melodía previamente compuesta por Hans Leo Hassler (1564-1612). El cántico se hizo universalmente célebre por su utilización en las Pasiones de Juan Sebastián Bach. Aparece en los cancioneros de lengua española con el título «Oh, rostro ensangrentado». *[N. del T.]*

11. Marienplatz, «Plaza de María», plaza céntrica frente al Ayuntamiento de Múnich, dominada por una columna rematada por una estatua de la Virgen María (Mariensäule). *[N. del T.]*

12. K. Wojtyla, *Signo de Contradicción. Meditaciones,* traducción de V. M. Fernández Hernández, Madrid: BAC, ⁴1989, 17.

Relación de fuentes

Los textos de este libro provienen de los siguientes volúmenes publicados por Joseph Ratzinger en la Editorial Herder de Friburgo de Brisgovia:

Bilder der Hoffnung. Wanderungen im Kirchenjahr (1997): 10 textos.
Suchen, was droben ist. Meditationen das Jahr hindurch (1985): 24 textos.

Adviento I – Una memoria que suscita esperanza:
«Erinnerung, die Hoffnung weckt». Tomado de: *Suchen, was droben ist,* 9-12.

Adviento II – La audacia de ir al encuentro de la presencia misteriosa de Dios:
«Wagen, auf Gottes geheime Gegenwart zuzugehen». Tomado de: *Suchen, was droben ist,* 12-15.

Adviento III – Dejar atrás la noche:
«Heraustreten aus der Nacht». Tomado de: *Suchen, was droben ist,* 15-18.

Nicolás de Mira – La luz de una nueva humanidad:
«Das Licht einer neuen Menschlichkeit». Tomado de: *Suchen, was droben ist,* 18-21.

Navidad – El mensaje de la basílica de Santa Maria Maggiore en Roma:
«Die Botschaft der Basilika Santa Maria Maggiore zu Rom». Tomado de: *Bilder der Hoffnung,* 25-31. Publicado por primera vez

en: M. Schneider / W. Berschin (eds.), *Ab oriente et occidente.*
Kirche aus Ost und West. Gedenkschrift für W. Nyssen, St. Ottilien,
1996, 361-366.

La conversión del apóstol san Pablo – El luchador y el sufriente:
«Der Kämpfer und der Leidende». Tomado de: *Bilder der Ho-*
ffnung, 32-38.

Nuestra Señora de la Candelaria – El encuentro entre el caos y la luz:
«Begegnung von Chaos und Licht». Tomado de: *Suchen, was dro-*
ben ist, 22-26.

La cátedra del apóstol san Pedro – «Presidencia en el amor»:
«Vorsitz in der Liebe». Tomado de: *Bilder der Hoffnung,* 39-45.
Publicado por primera vez en: E. Kleindienst / G. Schmuttermayr
(eds.), *Kirche im Kommen. Festschrift für Bischof J. Stimpfle,* Berlín,
1991, 423-429.

Carnaval – El fundamento de nuestra libertad:
«Grund unserer Freiheit». Tomado de: *Suchen, was droben ist,* 27-30.

Pascua I – Buscar lo de arriba:
«Suchen, was droben ist». Tomado de: *Suchen, was droben ist,* 31-40.

Pascua II – No es la causa de Jesús, sino Jesús mismo el que vive:
«Nicht die Sache Jesu – Jesus selber lebt». Tomado de: *Suchen, was*
droben ist, 40-47.

Pascua III – Juicio y salvación:
«Gericht und Rettung». Tomado de: *Suchen, was droben ist,* 47-52.

Pascua IV – «Levantaos, puertas antiquísimas»:
«Hebt euch, ihr uralten Pforten». Tomado de: *Suchen, was droben*
ist, 52-57.

Pascua V – La palabra de los testigos:
«Das Wort der Zeugen». Tomado de: *Suchen, was droben ist,*
57-61.

Pascua VI – Por la noche llanto, a la aurora alegría:
«Am Abend Tränen, am Morgen Freude». Tomado de: *Suchen, was*
droben ist, 61-63.

Pascua VII – «Escucho, sí, el mensaje...»:
«Die Botschaft hör ich wohl...». Tomado de: *Bilder der Hoffnung,*
46-53; anteriormente solo en periódicos.

Mes de María I – Piedad con color y sonido: «Frömmigkeit mit Farbe und Klang». Tomado de: *Suchen, was droben ist*, 87-91.

Mes de María II – Detenerse a meditar, como María, para llegar a lo esencial: «Marianisches Verweilen, das zum Wesentlichen führt». Tomado de: *Suchen, was droben ist*, 91-96.

Ascensión del Señor – El comienzo de una nueva cercanía: «Der Beginn einer neuen Nähe». Tomado de: *Bilder der Hoffnung*, 65-75.

Pentecostés I – Despertarse para recibir la fuerza que brota del silencio: «Wach werden für die Kraft aus der Stille». Tomado de: *Suchen, was droben ist*, 64-70.

Pentecostés II – Nueva conciencia de un comportamiento acorde con el Espíritu: «Besinnung auf geistgemäßes Verhalten». Tomado de: *Suchen, was droben ist*, 73-76.

Pentecostés III – El Espíritu Santo y la Iglesia: «Der Heilige Geist und die Kirche». Tomado de: *Bilder der Hoffnung*, 76-86. Publicado por primera vez en: A. Coreth / I. Fux (eds.), *Servitiun pietatis. Festschrift für Kardinal Groer zum 70. Geburtstag*, Maria Roggendorf, 1989, 91-97.

Corpus Christi I – Estar, caminar, arrodillarse: «Stehen – Gehen – Knien». Tomado de: *Suchen, was droben ist*, 77-86.

Corpus Christi II – El mosaico del ábside de San Clemente en Roma: «Das Apsismosaik von San Clemente zu Rom». Tomado de: *Bilder der Hoffnung*, 87-90.

La Porciúncula – El significado de la indulgencia: «Was Ablass bedeutet». Tomado de: *Bilder der Hoffnung*, 91-100.

Vacaciones I – Ponerse en búsqueda: «Sich auf die Suche begeben». Tomado de: *Suchen, was droben ist*, 97-99.

Vacaciones II – Buscar la vida verdadera: «Suche nach wirklichem Leben». Tomado de: *Suchen, was droben ist*, 99-102.

Vacaciones III – Poder descansar:
«Ausruhen können». Tomado de: *Suchen, was droben ist*, 102-104.

Francisco de Asís – La preocupación por la creación de Dios:
«Sorge um Gottes Schöpfung». Tomado de: *Suchen, was droben ist*, 116-119.

Todos los Santos – A los pies de la basílica de San Pedro:
«Zu Füßen des Petersdoms». Tomado de: *Bilder der Hoffnung*, 110-113.

Todos los fieles difuntos – Las catacumbas de Roma, lugares de esperanza:
«Stätten der Hoffnung. Die römischen Katakomben». Tomado de: *Bilder der Hoffnung*, 114-119.

Miscelánea I – El juego y la vida: sobre el Campeonato Mundial de Fútbol:
«Spiel und Leben. Zur Fußballweltmeisterschaft». Tomado de: *Suchen, was droben ist*, 107-110.

Miscelánea II – Iglesia abierta y cerrada:
«Offene und verschlossene Kirche». Tomado de: *Suchen, was droben ist*, 110-113.

Miscelánea III – Paz:
«Friede». Tomado de: *Suchen, was droben ist*, 113-116.